ANTIKE UND GEGENWART

Sallust

Catilinarische Verschwörung

Nacht über Rom

bearbeitet von
Peter Grau und Friedrich Maier

C.C. BUCHNER

ANTIKE UND GEGENWART

Lateinische Texte zur Erschließung europäischer Kultur

Herausgegeben von Friedrich Maier,
Humboldt-Universität zu Berlin

1. Auflage 1[5] 2015
Die letzte Zahl bedeutet das Jahr dieses Drucks.
Alle Drucke dieser Auflage sind, weil untereinander unverändert,
nebeneinander benutzbar.

Dieses Werk folgt der reformierten Rechtschreibung und Zeichensetzung.
Ausnahmen bilden Texte, bei denen künstlerische, philologische oder
lizenzrechtliche Gründe einer Änderung entgegenstehen.

www.ccbuchner.de

Layout und Satz: i.motion gmbh, Bamberg
Druck: creo Druck und Medienservice GmbH, Bamberg

Einbandmotiv: Collage aus C. Maccari, Die Verschwörung des Catilina (Fresko 1889, Rom, Palazzo Madama) und W. Seib, Sallust (1896, Wien, Parlament)

ISBN 978-3-7661-**5983**-0

Inhalt

Vorwort

Von den Werken Sallusts bietet sich als nachhaltigste und pädagogisch gewiss wertvollste Lektüre die *Catilinarische Verschwörung* an, und zwar aus einer Vielzahl von Gründen.

In dem kurzen Text ist an einem zeitlich eng begrenzten Ereignis das Phänomen „Revolution“ so drastisch und auch so dramatisch zur Anschauung gebracht, dass man darüber nicht nur mit Interesse lesen will, sondern daran auch Ursache, Anlass, Vorgang und Folgen eines politischen Umsturzes „wie in einer historischen Versuchsanordnung“ (Dietrich Schwanitz, 1999) studieren und diskutieren kann. Dies umso mehr, als der Autor selbst in dem Geschehen wie in einem Brennpunkt sein historisches Urteil über das Schicksal seiner Nation bündelt.

Die Episode der „Catilina-Revolte“ (Ronald Syme, 2003) ist für Sallust einerseits das Symbol für die Korruption der nachsullanischen Zeit, also für den inneren Verfall Roms, andererseits eröffnet sich ihm daran auch zugleich eine weltgeschichtliche Perspektive: Am Fall dieser nahe am Herzen des Staates aufgebrochenen Wunde wird ihm bewusst, dass jene moralischen Kräfte, die Rom groß gemacht und nach dem Sturz Karthagos zu erlahmen begonnen haben, nicht mehr stark genug sind, auf die bedrohliche Krankheit heilend einzuwirken. Die Staatskrise ist nicht mehr aufzuhalten.

Äußere Bedrohungen, wie etwa die Attacken des nach Hannibal größten Gegners Roms, des Königs Mithridates von Pontus in Kleinasien, in den Jahren 88-66 v.Chr., binden nicht mehr wie früher alle moralischen und physischen Kräfte im Inneren zu einem gemeinsamen Verteidigungswillen. Nur einige wenige herausragende Politiker und Militärs, wie etwa Cicero und Cato sowie Pompeius und Caesar, zeigen sich noch solchen Herausforderungen gewachsen. Gerade dieses Faktum ist für Sallust das Zeichen für den inneren Verfall, für das baldige Ende der Republik.

Darauf möchte der Historiker mit aller Eindringlichkeit und in ernsthafter Sorge um den Staat, in dem er lebt, aufmerksam machen. Insofern ist ihm die Monografie über die „Catilinarische Verschwörung“, eigentlich ein kurzer Akt der Geschichte, noch dazu ohne Folgen, das geeignete „Instrument“ für seine geschichtsphilosophischen Betrachtungen. Gleich zu Beginn seines Werkes teilt er diese Überzeugung seinen Lesern ausdrücklich mit.

Er halte, so betont er, die Verschwörung Catilinas für ein *facinus in primis memorabile* (4, 4), für eine Untat, die vorrangig denkwürdig, also des Nachdenkens würdig ist, weil sich daran allgemein für Politik und Geschichte Bedenkenswertes aufzeigen lässt. Die bewusst gesetzte Wortwahl macht deutlich, dass die Behandlung dieses Stoffes völlig seiner historiografischen Programmatik entspricht, insofern er, wie er kurz zuvor sagt, aus der Gesamtgeschichte solches auszugsweise darzustellen beabsichtigt, das ihm „der Erinnerung/des Nachdenkens wert" (*memoria digna* 4, 2) erscheint.

Schon allein nach den Kriterien der Akzentuierung und Transparenz ist damit vom Autor den von ihm ausgewählten Geschichtsstoffen der Charakter von „Denkmodellen" zugewiesen. An der *Catilinarischen Verschwörung* treten demnach modellartig die Wesensmerkmale der politischen Revolte, ihre Voraussetzungen, Wirkmechanismen und Herausforderungen zutage.

Dazu kommt: Im Laufe der Wirkungsgeschichte des sallustianischen Werkes hat sich an der Gestalt Catilinas der Modellcharakter ausdrücklich festgemacht. Der aufrührerische Römer ist zum Typ des Revolutionärs avanciert, in der Literatur nicht weniger als in der politischen Diskussion und Diktion. Henrik Ibsen hat 1875 ein eigenes Drama *Catilina* geschrieben. Für Bert Brecht offenbart sich in seinem Roman: *Die Geschäfte des Herrn Julius Caesar* (1938/39) an Catilina ein Stück des sozialen Elends der Großstadt Rom. Otto von Bismarck sprach 1862 im preußischen Abgeordnetenhaus von „Katilinarischen Existenzen, die ein großes Interesse an Umwälzungen haben".

All dies belegt, dass Catilina eine historisch und wirkungsgeschichtlich bedeutsame Gestalt geworden ist, an der existenzielle Befindlichkeiten des Menschen und der menschlichen Gemeinschaft exemplarisch zur Anschauung gelangen. Kenntnisse von diesem Römer gehören zweifellos zum Allgemeinwissen. Die vorgelegte Textauswahl aus der *Catilinae coniuratio* will diese Kenntnisse vermitteln: durch Originallektüre der Kernstellen, die durch Paraphrase, Übersetzungslektüre und bilinguale Textwiedergabe in den solchermaßen leichter und schneller zugänglichen Gesamtzusammenhang des Werkes gebracht werden. Paralleltexte und Bilder aus der Antike bis zur Neuzeit wollen Sallusts Aussagen ergänzen und vertiefen.

Die Verfasser

Übersetzungen des Sallusttextes wurden wörtlich oder mit geringfügigen Änderungen übernommen von Werner Eisenhut/Josef Lindauer (*Sallust – Werke*, München/Zürich 1985).

1. Sallusts Leben und Werke

Sallusts Leben fiel in die stürmischste Epoche der römischen Geschichte. Caesar war gerade auf dem Weg zur Alleinherrschaft; die Republik (*res publica libera*) lag in den letzten Zügen, die Freiheit als politischer Leitstern zog unaufhaltsam dem Untergang entgegen. Marcus Porcius Cato, ihr treuester und kompromisslosester Verfechter, nahm sich in Utica das Leben. Der blutige Kampf zwischen Pompeianern und Caesarianern war am 8. August 48 v. Chr. mit Caesars Sieg über Pompeius und dessen Ermordung an der Küste Ägyptens zu Ende gegangen. Caesar erhielt 45 v. Chr. die Diktatur auf Lebenszeit, befand sich nun also bereits in einer quasimonarchischen Stellung. Die ägyptische Königin Kleopatra, die in Ägypten Caesars Geliebte geworden war, wurde in Rom mit dem gemeinsamen Sohn Kaisarion im Arm präsentiert, weil in der Hauptstadt die Atmosphäre für eine Neuordnung des Staates durch orientalischen Glanz aufgehellt werden sollte. Eben auf dem Sprung zum Feldzug gegen die Parther, beseelt von der Vision, wie Alexander der Große der mächtigste Mann der Welt zu werden, wurde Caesar durch das von langer Hand vorbereitete Attentat überrascht; von den 23 Dolchstichen seiner Mörder getroffen, brach er vor dem Bildnis des großen Rivalen Pompeius tot zusammen.
Doch der Staat stürzte weiter und noch tiefer. Caesars Ermordung geschah 44 v. Chr., ein Jahr, das für Sallust, einen Parteigänger Caesars, nicht folgenlos blieb. Geboren wurde Gaius Sallustius Crispus 86 v. Chr., gerade in dem Jahr, als C. Marius starb, der Führer der Popularen und, da auch Caesar dieser Partei zuneigte, politisches Vorbild des später stärksten Mannes. Mit Marius' Ende eskalierte die Gewalt in Rom zu unerträglicher Brutalität. Sein Gegenspieler Sulla, 82 v. Chr. zum Diktator ernannt, räumte in einer wahren Terrorherrschaft unter den Marianern auf: 4300 römische Bürger wurden proskribiert und massakriert.
Der kleine Sallust erlebte diese Phase des Bürgerkriegs nicht bewusst mit, zumal er seine Kindheit fern vom Zentrum des Geschehens in seiner Heimatstadt Amiternum, einer Stadt im Sabinerland 90 km nordöstlich von Rom, verbrachte. Allerdings engagierte er sich als junger Mann, da er recht bald in die Hauptstadt gekommen sein muss, römischer Tradition gemäß in der Politik, und zwar in der Partei der Popularen – freilich angesichts der allenthalben sichtbaren Verwahrlosung der politischen Sitten nicht ohne innere Vorbehalte. Wo Gewalt herrsche und man der Macht einiger Weniger die eigene Würde und Freiheit opfern müsse, so äußerte er später einmal in einem seiner Werke (*Bell. Iug.* 3, 4), könne sich niemand guten Gewissens dem Staatsdienst widmen.
Dass es Sallust trotzdem tat, spricht für seinen Mut, vielleicht auch für seine Zuversicht, dass man an solchen Zuständen etwas ändern könne. Jedenfalls ließ er sich nicht in das Netzwerk von politischer Ranküne, Cliquenbildung, Misswirtschaft, Korruption, Demagogie und öffentlichem Terror verstricken; er hielt sich auf Distanz zu jenen Elementen, die den Verfall des Staa-

tes und der sie tragenden Werte wissentlich oder sorglos betrieben. Die Revolte Catilinas, die sich aus diesem Gebräu politischer Umtriebe ergab, erlebte Sallust im Alter von etwa 20 Jahren.
Der Mann aus Amiternum machte auch politische Karriere; er wurde vierunddreißigjährig Quästor, zwei Jahre später, zu einer Zeit, in der der Kampf zwischen *nobilitas* und *plebs* die Hauptstadt geradezu in Anarchie versetzte, erhielt er das Amt des Volkstribunen, wurde also der öffentlich berufene Vertreter des Volkes, wobei er freilich Caesar und dessen Freunde hinter sich wusste. Nach Caesars Sieg über Pompeius bekam er in Afrika sogar das Prokonsulat mit militärischer Befehlsgewalt (*proconsul cum imperio*), er hatte also die neugebildete Provinz *Africa nova* zu verwalten.
Danach jedoch zog er sich, wahrscheinlich bedingt durch den Schock, den die Ermordung Caesars, seines großen Förderers, in ihm auslöste, aus der aktuellen Politik zurück, kaufte sich mit den in der Provinz erworbenen Geldern das Haus Caesars in Tibur (Tivoli) und legte die berühmten, später nach ihm benannten Gärten (*horti Sallustiani*) auf dem *mons Pincius* (Monte Pincio) im Norden Roms an. Hier widmete er sich nun ganz der Geschichtsschreibung.
Er verfasste zunächst zwei sogenannte historische Monografien, also Geschichtswerke, die nur ein einziges Ereignis behandeln, die *Catilinarische Verschwörung* (*Catilinae coniuratio*, 63. v. Chr.) und den *Krieg gegen Jugurtha* (*Bellum Iugurthinum*, 111-105 v. Chr.). Dann ließ er die *Historien* folgen, ein Werk über die von ihm selbst erlebte Zeitgeschichte (von Sullas Tod 78 v. Chr. bis zu Pompeius' Machtentfaltung 78-67 v. Chr.), das allerdings in den größten Teilen verloren gegangen ist.
Erhalten sind noch zwei Sallust zugeschriebene *Briefe an Caesar*, in denen seine Sympathie für den wohl stärksten Mann seiner Zeit zu spüren ist, zumal er angesichts der Tyrannei der Optimaten das Heil einer besseren Zukunft gerade von ihm erwartete.
Sallust starb 34 v. Chr. – zehn Jahre nach Caesars Tod – mit 52 Jahren.

Sallust-Porträt auf einem Kontorniat, um 390 n. Chr.
Paris, Cabinet des Médailles

2. Sallust im Urteil der Nachwelt

Sallust hat als geschichtsphilosophischer Denker, aber auch wegen der Sprache und des Stil seiner Werke innerhalb und außerhalb der Wissenschaft große Anerkennung erfahren. Man hat sich schon sehr früh mit diesem Autor auseinandergesetzt. Für den Kirchenvater Augustinus war Sallust die bedeutendste Quelle für die Geschichte der römischen Republik, mit der er sich in seinem Werk *De civitate Dei* (etwa 411-422) intensiv beschäftigte. Der Autor Sallust wurde als erster Prosaiker der heidnischen Literatur in den Lektürekanon der mittelalterlichen Schulen (ab dem 11. Jh.) aufgenommen. Sallust lieferte für viele Geschichtsschreiber das Muster der historischen Monografie, besonders in England und im Frankenreich.

Urteile aus der neueren Zeit:
Der Philosoph **Friedrich Nietzsche** (1844-1900) schreibt:
„Im Grunde ist es eine ganz kleine Anzahl antiker Bücher, die in meinem Leben mitzählen; die berühmtesten sind nicht darunter. Mein Sinn für Stil, für das Epigramm als Stil, erwacht fast augenblicklich bei der Berührung mit Sallust."
Der Schriftsteller **Hugo von Hofmannsthal** (1874-1929) stellte fest:
„Und aus dem Sallust floss in jenen glücklichen, belebten Tagen wie durch verstopfte Röhren die Erkenntnis der Form in mich herüber, jener tiefen, wahren, inneren Form, die jenseits des Geheges der rhetorischen Kunstwerke erst geahnt werden kann. ... Sie durchdringt das Stoffliche, sie hebt es auf und schafft Dichtung und Wahrheit zugleich, ein Widerspiel ewiger Kräfte, ein Ding herrlich wie Musik und Algebra."
Präsenz in der politischen Öffentlichkeit:
Sallust wird in Europa als tiefgründiger politischer Denker wahrgenommen. Seine Gestalt und seine Werke haben Verweischarakter. So präsentiert er sich als einer der großen antiken Historiker vor dem Parlament in Wien.

Am Rathaus in Hamburg steht in Anlehnung an Sallusts *Catilina* in Stein gemeißelt:

LIBERTATEM QUAM PEPERERE
MAIORES DIGNE STUDEAT
SERVARE POSTERITAS

Über dem Eingang zum Rathaussaal in Basel steht als längeres Zitat der Beginn der „Caesar-Rede" aus dem *Catilina* (↗ S. 62).

Wilhelm Seib: Sallust (1896).
Statue vor dem Parlament in Wien

3. Sallusts Blick auf die römische Geschichte

Die Catilinarische Verschwörung von 64/63 v. Chr. stellt in den etwa 700 Jahren, die die römische Geschichte seit der Gründung der Stadt bis zur Lebenszeit Sallusts durchlaufen hatte, eine winzige und letzlich folgenlose Episode dar. Dass sie der Autor ausführlich in einer Monografie darstellte, hat seinen Grund. Für ihn war die Verschwörung Symptom eines Prozesses, der sich im Inneren seines Staates unaufhaltsam vollzog und sich nun drastisch und offen allen in einem punktuellen Ereignis zu erkennen gab.

Dieses Ereignis, eine Revolte, ein Putsch, ein Attentatsversuch, ein rebellischer Aufstand, war für Sallust gleichsam wie eine Wunde, die am kranken Körper der *civitas Romana* aufbrach. Weil hier der kleine Vorgang den Blick auf das Ganze freigab, hielt Sallust das Faktum für „im besonderen Maße erwähnens- und nachdenkenswert“ (*Cat.* 4,2). So brachte es den ehemaligen Politiker, der sich jetzt als Historiker betätigen wollte, „zum Nachdenken“ über die gesamte Geschichte Roms, die zwar mehr oder weniger weit hinter ihm lag, deshalb aber seinem Blick zugänglich und seinem Urteil freigegeben war. Dabei sollte man sich freilich immer bewusst sein, dass Sallust aus einer ganz bestimmten Perspektive seine Geschichtsbetrachtung ansetzte (↗ Schaubild S. 12/13); es sind die Jahre 43 bis 34 v. Chr., also die Zeit nach Caesars Ermordung, in der der Bürgerkrieg seinen Höhepunkt erreichte und die „römische Revolution“ (Ronald Syme, 1959) kurz vor ihrem entscheidenden Wende- und Endpunkt stand. Diese Sichtweise des Autors war von tiefer Enttäuschung geprägt. Cicero stellte in *De re publica* mit Bedauern fest, dass der Kernsatz des Dichters Ennius „Der römische Staat gründet auf seinen altehrwürdigen Sitten und Männern.“ (V 1,1) für seine Zeit nicht mehr zutreffe. In dieser resignativen Grundstimmung stand Sallust ohne Zweifel dem Staatsphilosophen nahe.

Der aufrechte, leidenschaftlich auf die Rettung der Republik bedachte Cato hatte aus Verzweiflung Selbstmord begangen; die Hoffnungen auf einen heilsamen Wandel der Verhältnisse, die Sallust auf Caesar gesetzt hatte, waren in nichts zerstoben. Antonius und Octavian, die Caesar-Rächer, überboten sich, da sie sich am Ende selbst der Macht wegen als Todfeinde bekämpften, gegenseitig an Grausamkeiten. Das brutale Ende Ciceros war schnell in der ganzen Stadt bekannt geworden. Die Schergen des Antonius hatten ihm Kopf und Hände abgeschlagen und auf der Rednerbühne des Forum Romanum zur Schau gestellt. Dies schockte Sallust gewiss nicht weniger als alle um die Freiheit besorgten Bürger Roms.

Der Staat war in einer Krise, wie sie größer nicht mehr werden konnte. „Der gottlose Wahn des Krieges“ (*impius furor <belli>*), wie Vergil in seinem Epos *Aeneis* (I 294 ff.) schreibt, hielt „mit seinem bluttriefenden Mund“ alle in seinem Bann. Die Staatsform des Prinzipats mit der Erneuerung des Staates und seiner Fundamente lagen für den Autor im Dunkel der Zukunft, die er nicht mehr erlebte. *Augustus* war ihm zwar als Person Octavian bekannt, seine spätere Funktion als „Heilbringer und Retter“ (*σωτήρ, sotér*) konnte er mitnichten erahnen.

Sallusts Rückblick auf die Geschichte seines Volkes konnte deshalb nicht unbefangen, nicht frei von den Eindrücken seiner erlebten Zeit sein. Er projizierte seine intellektuelle und psychische Betroffenheit in die Vergangenheit, in das Ereignis der Catilinarischen Verschwörung, und in die ganze Entwicklung des Imperium Romanum nach außen und besonders im Inneren. Er erkannte darin das Walten einer irrationalen Macht, des Schicksals (*Fortuna*), dem nach spätgriechischer Auffassung eine geradezu göttliche Funktion zugewiesen war.

Diese höhere Macht bestimmte Aufstieg und Niedergang von Menschen und Völkern, auch des römischen Imperiums. Nach dem Ende Karthagos, also nach Wegfall der äußeren Bedrohung, habe – so Sallusts Urteil – „das Schicksal zu wüten und alles durcheinanderzubringen begonnen". Damals habe der innere Verfall des Reiches eingesetzt; das sei der Anfang der sich permanent steigernden Krise des Staates gewesen, die durch einen Wandel, ja einen Verlust aller Werte gekennzeichnet sei. An Catilinas Revolte konnte der Historiker dieses Phänomen modellartig verdeutlichen, auch unter Einsatz seiner ganzen sprachlichen Kunst.

Er ließ den jungen Aufrührer als einen „tragischen Helden" (Manfred Fuhrmann, 1979) erscheinen, als eine Gestalt, von der „eine dämonische Faszination" (Karl Büchner, 1967) auf alle ausging. Das Bild, das sich für Ronald Syme in Sallusts Augen ergab: „Catilina ist das vollendete Ungeheuer – ein Mörder und Lüstling aller Grade." Diese dunkle Zeichnung gab der Historiker auch Catilinas Anhängern, ja der ganzen Epoche, die durch Habgier, Luxus, Korruption, Machtmissbrauch in eine immer stärkere Schieflage kam. Der Staat näherte sich in seinen Augen unabwendbar dem Abgrund.

Die politischen Missstände, die Sallust zur Zeit der Abfassung seines Werkes erlebte, trieben ihn nahezu zwangsläufig zu einer solchermaßen perspektivisch überzeichneten Darstellung der Verhältnisse bei der Catilinarischen Verschwörung. Die totale Katastrophe seiner Zeit veranlasste den Autor vielleicht sogar dazu, den früheren Phasen der römischen Geschichte anachronistisch allzu negative Züge zu geben.

Das Verfallsschema jedoch, das er in Roms Geschichte entdecken zu können glaubte, und die Gründe dafür, die sich für ihn unter dem obwaltenden Schicksal aus der menschlichen Natur ergaben, hielt er für eine historische Wahrheit, über die intensiv nachzudenken er seinen Lesern Anlass geben wollte.

Diese gültige Wahrheit (*verum*) möglichst überzeugend herauszuarbeiten, bemühte er sich, so gut er nur konnte, dabei frei von Erwartung, Furcht und Parteilichkeit. Von solcher Haltung war seine schriftstellerische Programmatik von Anfang an kernhaft bestimmt (↗ *Cat.* 4, 2). Sein Streben nach Objektivität, in dem er seinem griechischen Vorbild Thukydides, dem großen, auch heute hochgeschätzten Geschichtsschreiber, nacheiferte, wurde durch seine politische Nähe zu den Popularen wohl kaum beeinträchtigt.

Über allem Parteienzwist stand für ihn nämlich die berechtigte Sorge um den Staat, in dessen Dienst er sich als Politiker und als Historiker mit ganzem Herzen gestellt hatte. Schrieb Sallust seine *Catilinae coniuratio* etwa in einer Stimmung der Resignation? Vielleicht. Am politischen Himmel zeichnete sich für ihn kein Silberstreifen ab. Ob und in welcher Form Rom die Staatskrise überstehen konnte, verhüllte ihm sein recht früher Tod.

Der besondere Blickwinkel auf die römische Geschichte, den Sallust ermöglicht, indem er ihre Entwicklung von der Gründung Roms bis zur Verschwörung Catilinas rückschauend vom Jahr 43 v. Chr. aus darstellt, ist ein gelungener kompositorischer Trick; dieser zeugt von seiner hohen Kunst der literarischen Darstellung. Erst die dadurch erreichte Weite des Gesichtsfeldes machte die tiefgreifende geschichtsphilosophische Betrachtung möglich, derentwegen gerade seinem *Catilina* Modellcharakter zukommt. Von einem solchen Standort aus nämlich überblickte und durchschaute er die Mechanismen und Gesetzmäßigkeiten, die in geschichtlichen Abläufen wirksam sind, so dass er die rationalen und irrationalen Kräfte im Menschen, das, was den *animus humanus* zu politischem Handeln im Guten und Bösen treibt, aufspürte und offenlegte.

Erst die allumfassende Perspektive machte ihm das in der Geschichte tatsächlich „der Erinnerung Würdige" (*memoria digna*) nachhaltig bewusst und befähigte ihn, seine Erkenntnisse eindrucksstark an die Nachwelt weiterzugeben (*memorare*). So ist Sallust zu einem Historiker geworden, gewiss nicht zurückstehend hinter seinen römischen Kollegen Livius und Tacitus. In der Fähigkeit zu scharfsinniger Analyse von Geschichte kam er ohne Zweifel Thukydides nahe; der Grieche diagnostizierte diese freilich nüchtern und distanziert, der Römer dagegen bewertete sie moralisch und nicht ohne innere Anteilnahme. Für den heutigen Leser macht ihn gerade das womöglich noch attraktiver.

SALLUSTS BLICK AUF DIE

Königszeit		Republik							
Gründung der Stadt Rom	Königszeit Vertreibung des letzten Königs Tarquinius Superbus	Begründung der Republik L. Iunius Brutus	Einigung Italiens	Punische Kriege Zerstörung Karthagos	Ständekämpfe zwischen Marius und Sulla Diktatur Sullas	Catilinarische Verschwörung	Triumvirat: Caesar, Pompeius, Crassus	Konsulat Caesars
753		um 510		146	87 bis 69	64 bis 62	60	59

Catilinas Wahlniederlage	64
Ciceros Konsulat	63
Attentatsplan kurzfristig aufgedeckt	
Senatus consultum ultimum	
Ciceros Angriffsreden	
Senatsdebatte über die Bestrafung der Catilinaanhänger: Caesar gegen Cato	
Hinrichtung von fünf Catilinariern	
Endkampf bei Pistoria: Tod Catilinas	62

Geburt in Amiternum	Ausbildung in Rom	Erleben der Catilina-Revolte mit Vor- und Nachgeschichte im Alter von 20 bis 24
86	ab 78	66 bis 62

753 — um 510 — 146 — 86 — 87 bis 69 — 64 bis 62 — 60 — 59

ÖMISCHE GESCHICHTE

Prinzipat

Caesars Aufstieg in Gallien	Gang über den Rubikon	Bürgerkrieg zwischen Caesar und Pompeius Sieg Caesars bei Pharsalos	Caesars Diktatur auf Lebenszeit	Mord an Caesar	Rache an Caesarmördern Mord an Cicero	Machtkampf zwischen Antonius und Octavian	Schlacht bei Actium Ende der Republik	Octavian als *Princeps* alleiniger Staatsführer mit Namen *Augustus*
58 bis 51	49	48	46	44	43	41 bis 31	31	28 bzw. 27

Politische Karriere Quästor	 Volkstribun	Eifriger Parteigänger Caesars und der Popularen	Prätor im *Bellum Africanum* Prokonsul in der Provinz *Africa Nova*	Rückzug aus der Politik	**Beginn seiner Geschichtsschreibung**	Tod
52	50		46	44	**ab 43**	34

Sallusts Lebensverlauf

58 bis 51 – 49 – 48 – 46 – 44 – 43 – 41 bis 31 – 28 bzw. 27

4. Zu Sprache und Stil Sallusts

Der sittliche Ernst, mit dem sich Sallust mit der Geschichte seines Staates auseinandersetzte, beeinflusste auch Sprache und Stil seiner Werke. Wie sich sein Urteil über den Niedergang der Republik an den Normen der Tradition, den *mores maiorum*, ausrichtete, so war ihm für Form und Inhalt seiner Darstellung der im Geiste jener Tradition tätige Politiker und Historiker Marcus Porcius Cato (234-149 v. Chr.) das bindende Vorbild, das ihm in dessen Werk *Origines* vor Augen stand. Dazu sah er im Werk des griechischen Historikers Thukydides (5./4. Jh. v. Chr.) geradezu das Modell für Geschichtsbetrachtung und Analyse historischer Prozesse.
Sallusts Sprache ist gekennzeichnet von einer knappen, dichten Ausdrucksweise (*brevitas*), sein Stil von pointierten Formulierungen und von Syntaxstrukturen, die in einer bis dahin nicht üblichen Weise montiert sind (↗ Stilmittel, S. 92 f.). Er gilt deshalb „als der eigentliche Schöpfer eines historiografischen Stils in Rom" (Michael v. Albrecht, 1997). Die Rückbesinnung auf die Vergangenheit und die Absicht, seiner Aussage Gewicht und Bedeutsamkeit zu geben, mag den Autor auch dazu veranlasst haben, bewusst altertümliche Elemente, sogenannte Archaismen, in seiner Sprache zu verwenden.

Solche archaisierenden Elemente sind:

Lautlehre:	Beispiele:
o statt **e/u** nach v oder vor l/m	*div**o**rsi* statt *div**e**rsi* *conv**o**rtit* statt *conv**e**rtit* *v**o**lgus* statt *v**u**lgus*
u statt **e**	*accipi**u**ndis* statt *accipi**e**ndis*
u statt **i**	*l**u**bido* statt *l**i**bido*, *max**u**me* statt *max**i**me*
quo statt **cu**	***quoi**us* statt ***cui**us* ***quo**m* statt ***cu**m*
Formenlehre:	
Nom. Sg. von. Subst. der kons. Dekl. auf -**os** statt -**or**	*hon**os*** statt *hon**or***
Kontrahierte Form des Gen. Sg. der o-Dekl. auf -**i** statt -**ii**	*imper**i*** statt *imper**ii***
Im Nom./Akk. Pl. -**is** statt -**es**	*omn**is*** statt *omn**es***
Trennung (sog. Tmesis, d.h. „Zerschneidung") von zusammengesetzten Konjunktionen, Adverbien und Pronomen	***prius** ... **quam*** statt ***priusquam*** ***quoius** ... **libet*** statt ***quoiuslibet*** ***in primis*** statt ***imprimis***
Verkürzte Verbalformen:	*eg**ere*** statt *eg**erunt*** *aud**istis*** statt *aud**ivistis***
Sonderbildungen:	*sicut**i** / velut**i** / ut**i*** ~ *sicut / velut / ut*

C. Sallustius Crispus
De coniuratione Catilinae

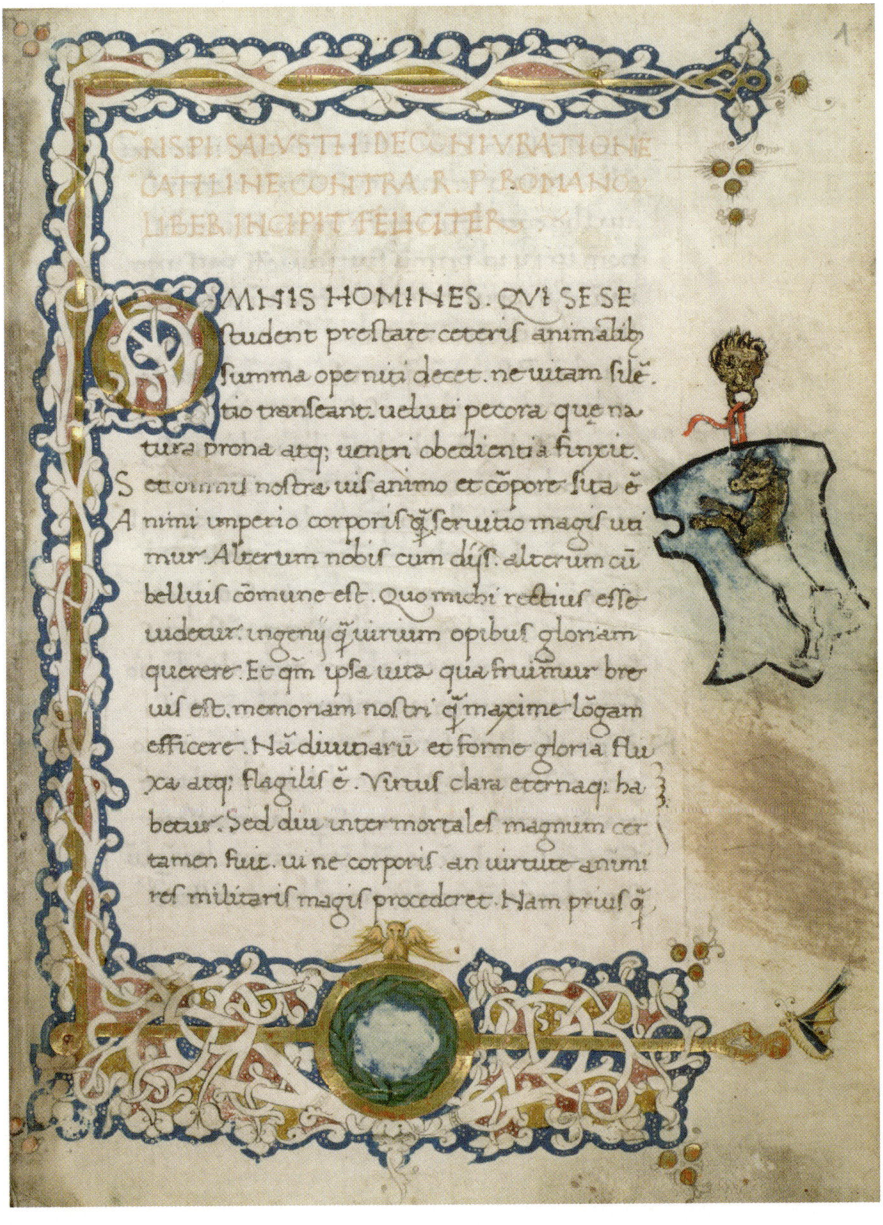
CRISPI SALVSTII DE CONIVRATIONE
CATILINE CONTRA R. P. ROMANO
LIBER INCIPIT FELICITER
OMNIS HOMINES. QUI SESE
studient prestare ceteris animalib
summa ope niti decet. ne uitam silē
tio transeant. ueluti pecora que na
tura prona atq; uentri obedientia finxit.
Sed omnis nostra uis animo et corpore sita ē
Animi imperio corporis q̄ seruitio magis uti
mur. Alterum nobis cum dijs. alterum cū
belluis cōmune est. Quo mihi rectius esse
uidetur: ingeniȷ q̄ uirium opibus gloriam
querere. Et qm ipsa uita qua fruimur bre
uis est. memoriam nostri q̄ maxime lōgam
efficere. Nā diuitiarū et forme gloria flu
xa atq; fragilis ē. Virtus clara eternaq; ha
betur. Sed diu inter mortales magnum cer
tamen fuit. ui ne corporis an uirtute animi
res militaris magis procederet. Nam prius q̄

Sallust-Handschrift aus dem 15. Jh. San Marino/Kalifornien, Huntington Library

1 Proömium

Ruhm als Triebfeder des Handelns

Omnis homines,
qui sese student praestare ceteris animalibus,
summa ope niti decet,
ne vitam silentio transeant veluti pecora,
quae natura prona atque ventri oboedientia finxit.

Sed nostra omnis vis in animo et corpore sita est:
animi imperio, corporis servitio magis utimur;
alterum nobis cum dis, alterum cum beluis commune est.
Quo mihi rectius videtur ingeni quam virium opibus
gloriam quaerere et,
quoniam vita ipsa, qua fruimur, brevis est,
memoriam nostri quam maxume longam efficere.
Nam divitiarum et formae gloria fluxa atque fragilis est,
virtus clara aeternaque habetur.

(*Cat.* 1,1-4)

1. Welche grundlegenden Begriffe bestimmen die Einleitung des Werkes? Lassen sich diese in einen Zusammenhang stellen?
2. Welches Menschenbild lässt Sallust erkennen? Beschreiben Sie dieses, indem Sie sich besonders an den Gesichtspunkten *homines*, *cetera animalia*, *gloria* und *virtus* orientieren.
3. Welche Literaturgattung würden Sie bei einer solchen Einleitung eher erwarten?
4. Informieren Sie sich über heute vertretene Menschenbilder (z.B. in der Biologie oder im Christentum).

---

sese ~ *se* – Ⓚ *studere* hier mit AcI
pronus: vornübergeneigt, mit Blick zum Boden – **venter, -tris:** Bauch – **oboedire:** gehorchen – **vis** h.: das Wesen – **situm esse in alqa re:** beruhen auf etw. – **servitium, -i:** Dienstleistung – **dis** ~ *deis* – **belua:** Tier – **quo** h: um so
frui alqa re: etw. haben, genießen – **nostri** Gen. obi. – **fluxus:** schwankend – **fragilis, -e** (→ *frangere*): zerbrechlich – **haberi:** Besitz sein

Zur Entwicklung des *virtus*-Begriffes:
Von der Wortbildung her bezeichnet *virtus* allgemein, was einen Mann ausmacht, spezifisch männliches Verhalten, d.h Tatkraft, Tüchtigkeit, im militärischen Kontext: Tapferkeit. In der Zeit Ciceros wird *virtus* – wie viele andere Wertbegriffe – verinnerlicht; das Wort bedeutet dann „Tugend“, „sittlicher Wert“; in dieser Bedeutung wird *virtus* zum Übersetzungslehnwort für den griechischen, besonders vom Philosophen Platon verwendeten und aufgewerteten Begriff *ἀρετή* (*areté*). Bei Sallust sind beide Bedeutungsschichten vertreten.

Ordnen Sie anhand von i 1,1 den *virtus*-Begriff aus t 1,1 ein.

gloria et memoria
Den Ruhmesgedanken greift auch Francesco Petrarca (1304-1374) in seinen *Trionfi* auf. Im *Triumphus Famae* thront die Gestalt über den Helden der Antike. „Aber es gibt auch einen Ruhm, den nicht Waffen gewähren“ (3, 3): den der Philosophen, Dichter, Redner, Geschichtsschreiber und Naturforscher (↗ Abbildung S. 19).
Im Italienischen Saal der Landshuter Stadtresidenz ist dieser Triumphzug über die Decke verteilt dargestellt. In der Mitte durcheilt *fama* die Welt und posaunt den Ruhm aus.

Hans Bocksberger: Triumph der Fama (1543). Fresko in der Stadtresidenz, Landshut

Geisteskraft in Krieg und Frieden

Sed diu magnum inter mortalis certamen fuit, vine corporis an virtute animi res militaris magis procederet. Nam et prius quam incipias consulto, et ubi consulueris mature facto opus est. Ita utrumque per se indigens alterum alterius auxilio eget.

Igitur initio reges – nam in terris nomen imperi id primum fuit – divorsi pars ingenium, alii corpus exercebant: etiam tum vita hominum sine cupiditate agitabatur; sua quoique satis placebant. Postea vero quam in Asia Cyrus, in Graecia Lacedaemonii et Athenienses coepere urbis atque nationes subigere, lubidinem dominandi causam belli habere, maxumam gloriam in maxumo imperio putare, tum demum periculo atque negotiis conpertum est in bello plurumum ingenium posse.

In der Frühzeit gingen daher die Könige – denn auf der Welt war dies die erste Regierungsform – entgegengesetzte Wege: Teils setzten sie ihre Geistesgaben, andere ihre Körperkräfte ein; damals verlief das Leben der Menschen noch ohne Begehrlichkeit, jedem genügte und gefiel das Seine. Als aber Kyros in Asien, in Griechenland die Lakedaimonier und Athener dazu übergingen, andere Städte und Völker zu unterjochen, das Streben nach Herrschaft als hinreichenden Kriegsgrund zu nehmen und den größten Ruhm in der größten Machtausdehnung zu sehen, da erst wurde bei gewagten Unternehmungen die Erfahrung gemacht, dass im Kriege das meiste doch der Geist ausrichte.

Quod si regum atque imperatorum animi virtus in pace ita ut in bello valeret, aequabilius atque constantius sese res humanae haberent, neque aliud alio ferri neque mutari ac misceri omnia cerneres. Nam imperium facile iis artibus retinetur, quibus initio partum est.

Käme nun die geistige Kraft der Könige und Machthaber im Frieden ebenso zur Wirkung wie im Krieg, dann würden sich die Verhältnisse bei den Menschen gleichmäßiger und beständiger gestalten, und man müsste nicht mit ansehen, wie alles in verschiedene Richtungen treibt und drunter und drüber geht. Eine Herrschaft lässt sich nämlich leicht durch dieselben Mittel festhalten, mit denen sie zu Anfang gewonnen wurde.

Verum ubi pro labore desidia, pro continentia et aequitate lubido atque superbia invasere, fortuna simul cum moribus inmutatur. Ita imperium semper ad optumum quemque a minus bono transfertur.

Sobald jedoch statt Anstrengung Bequemlichkeit, statt Selbstbeherrschung und Gerechtigkeit Genussgier und Überheblichkeit eingerissen sind, da wandelt sich mit der sittlichen Haltung zugleich auch die äußere Lage. So geht die Herrschaft stets von einem weniger Tüchtigen auf den jeweils Tüchtigsten über.

Ⓚ *incipias* Potentialis („man beginnt") – **consultum, -i:** Überlegung – Ⓚ *consulueris* Potentialis („man ...") – **mature** h.: rasch – **indigere:** Mangel haben – **egere alqa re:** etw. benötigen

Quae homines arant navigant aedificant, virtuti omnia parent. Sed multi mortales, dediti ventri atque somno, indocti incultique vitam sicuti peregrinantes transigere; quibus profecto contra naturam corpus voluptati, anima oneri fuit.

Was die Menschen durch Ackern, Seefahrt und Hausbau schaffen, ist in allem von der geistigen Kraft bestimmt. Dennoch gehen viele Menschen, nur dem Bauch und Schlafen frönend, ohne Wissen und ohne Bildung durchs Leben wie Reisende in der Fremde. Für sie jedenfalls bedeutet – im Gegensatz zu ihrer natürlichen Bestimmung – der Körper bloß Sinnenlust, die Seele aber eine Last.

Eorum ego vitam mortemque iuxta aestumo, quoniam de utraque siletur. Verum enim vero is demum mihi vivere atque frui anima videtur, qui aliquo negotio intentus praeclari facinoris aut artis bonae famam quaerit.

Bei ihnen werte ich Leben und Tod gleich, da man über beides nicht spricht. Hingegen scheint mir erst der wahrhaft zu leben und sein Dasein zu nützen, der, auf irgendeine Aufgabe konzentriert, die Anerkennung sucht, die man durch eine glanzvolle Leistung oder eine bedeutende Fähigkeit erhält.

(*Cat.* 1,5-2,9)

1. Geben Sie mit einem Stichwort die Zielsetzung an, die Sallust in seiner Argumentation in t 1,2 verfolgt. Bringen Sie das Verhältnis der Gedanken in t 1,1 und t 1,2 auf eine knappe Formel.
2. Welche Erfahrungen/Triebkräfte führen nach Sallusts Ansicht im Krieg zur Dominanz des *ingenium*? Nennen Sie die lateinischen Begriffe und Wendungen dafür.
3. Inwiefern vermisst Sallust dieses Prinzip in Friedenszeiten (Z. 12 ff.)? Welches syntaktische Mittel signalisert, dass diese Erkenntnis vom Autor als bedauerlich angesehen wird? Welcher Befund begründet dieses Bedauern (Z. 16 ff.)?
4. Inwiefern greift Sallust in Z. 19 ff. den Kerngedanken von t 1,1 wieder auf? Wie entwickelt er ihn weiter?

In dem Triumphzug der Landshuter Stadtresidenz finden sich unter den Dargestellten auch M. Terentius Varro, der stoische Philosoph Chrysipp (?), Sallust, Livius und Plinius d.Ä. (nach Petrarcas *Trionfi* 3, 37 ff.)

Hans Bocksberger: Antike Geschichtsschreiber (1543). Fresko in der Stadtresidenz, Landshut

Geschichtsmacher und Geschichtsschreiber

Sed in magna copia rerum aliud alii natura iter ostendit.
Pulchrum est bene facere rei publicae, etiam bene dicere haud absurdum est;
vel pace vel bello clarum fieri licet;
et qui fecere et qui facta aliorum scripsere, multi laudantur.
Ac mihi quidem,
tametsi haudquaquam par gloria sequitur scriptorem et auctorem rerum,
tamen in primis arduom videtur res gestas scribere:
primum quod facta dictis exaequanda sunt;
dein quia plerique, quae delicta reprehenderis, malevolentia et invidia dicta putant,
ubi de magna virtute atque gloria bonorum memores,
quae sibi quisque facilia factu putat,
aequo animo accipit,
supra ea veluti ficta pro falsis ducit.

(*Cat.* 3,1-2)

Konstruktionshilfe (Z. 9-15)

primum quod ... sunt;
deinde quia plerique
quae ... reprehenderis,
... <esse> putant
<sed> ubi ... memores,
quae quisque ... putat
<quisque> aequo animo accipit,
supra ea
veluti ... ficta ... ducit.

1. Welche Alternative einer sinnvollen Existenz beschreibt Sallust? Nennen Sie die lateinischen Wendungen.
2. Wie beurteilt Sallust das Verhältnis der beiden Möglichkeiten zueinander?
3. Inwiefern hebt Sallust seine persönliche Situation davon ab? Worin sieht er die Schwierigkeit für sein Metier?
4. Welche grundsätzliche und zu allen Zeiten gültige Problematik formuliert der Autor?

---

res h.: Möglichkeit – **bene facere:** etwas leisten – **vel ... vel** ~ *et ... et*
multi prädikativ – **haudquaquam:** keineswegs – **scriptor, -oris** (→ *scribere*): Geschichtsschreiber – **arduus:** schwierig (*-om* ~ *um*) – **dictis exaequare:** angemessen darstellen
dein ~ *deinde* – Ⓚ *reprehenderis* Potentialis („man ...“) – **malevolentia:** Abneigung, Hass – Ⓚ *memores* Potentialis („man ...“) – **aequus animus:** Gleichgültigkeit
supra ea: (das) über dies (Hinausgehende) – Ⓚ *ducere alqd pro alqa re* statt dopp. Akk.

Warum Sallust Geschichte schreibt

Sed ego adulescentulus initio, sicuti plerique, studio ad rem publicam latus sum, ibique mihi multa advorsa fuere.

Ich persönlich fühlte mich als junger Mensch zunächst, wie die meisten, aus Neigung zur Politik hingezogen; dort aber gab es für mich vieles Widerwärtige.

Nam pro pudore, pro abstinentia, pro virtute audacia largitio avaritia vigebant. Quae tametsi animus aspernabatur insolens malarum artium, tamen inter tanta vitia inbecilla aetas ambitione conrupta tenebatur;

Denn statt Anstand, statt Selbstlosigkeit, statt Redlichkeit herrschten Frechheit, Bestechung und Habgier. Mochte ich mich in meinem Empfinden auch daran stoßen, da ich mit dem üblen Treiben nicht vertraut war, so war meine ungefestigte Jugend in einer derart lasterhaften Umgebung durch den politischen Ehrgeiz doch einem verderblichen Einfluss ausgesetzt;

ac me, quom ab reliquorum malis moribus dissentirem, nihilo minus honoris cupido eadem quae ceteros fama atque invidia vexabat.

und obwohl ich mit dem schlechten Wandel der übrigen innerlich nicht einverstanden war, führte meine Ehrsucht trotzdem dazu, dass ich unter dem nämlichen gehässigen Gerede zu leiden hatte wie die übrigen.

Igitur ubi animus ex multis miseriis atque periculis requievit et mihi reliquam aetatem a re publica procul habendam decrevi, non fuit consilium socordia atque desidia bonum otium conterere, neque vero agrum colundo aut venando, servilibus officiis, intentum aetatem agere.

(*Cat.* 3,3-4,1)

1. Welche Informationen liefert Sallust über seine Laufbahn? Welche Entwicklung nahm seine „öffentliche“ Arbeit und wie begründet er diese?
2. Inwiefern könnte man in einzelnen Formulierungen eine Beschönigung seiner politischen Laufbahn erkennen?

Sallust. Rom, Biblioteca Vaticana

---

requiescere (*-quievi*): zur Ruhe kommen – **aetatem habere:** sein Leben verbringen
socordia: Sorglosigkeit – **otium conterere:** Zeit nutzlos verbringen – **venari:** jagen – **servilis, -e:** Adj. zu *servus* – **aetatem agere:** Zeit verbringen

Programm-Satz

Sed a quo incepto studioque me ambitio mala detinuerat, eodem regressus statui res gestas populi Romani carptim, ut quaeque memoria digna videbantur, perscribere, eo magis quod mihi a spe metu partibus rei publicae animus liber erat.

(*Cat.* 4,2)

Man sieht in diesem Kurztext den „Programm-Satz“ Sallusts. Er legt hier den Kern seiner historiografischen Arbeit in Hinblick auf Ziel und Methode offen.
Untersuchen Sie den Text unter folgenden Gesichtspunkten:

1. Was beabsichtigt Sallust zu beschreiben?
2. Warum und nach welchen Kriterien wählt er ein bestimmtes Geschichtsereignis aus?
3. Mit welcher inneren Einstellung versucht er seiner Aufgabe gerecht zu werden?

Der römische Historiker Livius (59 v. bis 17 n. Chr.) über die Zielsetzung seiner *Römischen Geschichte*

Ich dagegen werde auch dies als Lohn für meine Mühe anstreben, dass ich mich vom Anblick der Übel, die unsere Zeit schon so viele Jahre lang hat mit ansehen müssen, abwenden kann, während ich mir die alten Zeiten mit aller Bildkraft wieder vorstelle – und das gänzlich frei von Besorgtheit, die das Gemüt des Schreibenden wenn nicht vom Wahren abbringen, so doch beunruhigen könnte.

(Livius, *praef.* 5)

Welche persönliche Motivation führt Livius an?

Arturo Martini: Titus Livius (1942).
Padua, Universität

Ⓚ Ordne: *eodem incepto studioque regressus, a quo …* – **detinere** (*detinui*): abhalten – **eodem:** (genau) dorthin – **regredi:** zurückkehren – **carptim:** in Auswahl – **perscribere:** ausführlich beschreiben – **eo magis:** umso mehr – **partes, -ium** (*rei publicae*): Parteiwesen, Parteienstreit

Das Drama der Verschwörung (Übersicht)

Charakteristik Catilinas
(Cat. 4,3-5,5)

1. historischer Exkurs
Roms Aufstieg und Niedergang
(*Cat.* 5,9-13,5)

Die Krise der Gegenwart:
Beginn der Revolte im Untergrund
Catilinas 1. Rede

Der Bluteid der Verschwörer

Sempronia unter den Verschwörern
(*Cat.* 14-29)

Die Republik am Abgrund:
Staatsnotstand
Revolutions-heere um Rom

Ciceros großer Auftritt

Catilina verlässt Rom
„Staatsfeinde“
(*Cat.* 30-36,3)

2. historischer Exkurs:
Der Nährboden der Revolution
(*Cat.* 36,4-39)

Der Prozess im Senat

Die Caesar-Rede
(*Cat.* 51)

Die Cato-Rede
(*Cat.* 52)

Zwei große Politiker im Vergleich
(*Cat.* 54,1-6)

Das Scheitern der Revolution:
Catilinas 2. Rede
Der Heldentod der Catilinarier
(*Cat.* 56-61)

Catilinas Tat – Folge seines Charakters

Igitur de Catilinae coniuratione, quam verissume potero, paucis absolvam; nam id facinus in primis ego memorabile existumo sceleris atque periculi novitate. De quoius hominis moribus pauca prius explananda sunt, quam initium narrandi faciam. L. Catilina, nobili genere natus, fuit magna vi et animi et corporis, sed ingenio malo pravoque. Huic ab adulescentia bella intestina, caedes, rapinae, discordia civilis grata fuere, ibique iuventutem suam exercuit. Corpus patiens inediae, algoris, vigiliae, supra quam quoiquam credibile est. Animus audax, subdolus, varius, quoius rei lubet simulator ac dissimulator, alieni adpetens, sui profusus, ardens cupiditatibus; satis eloquentiae, sapientiae parum. Vastus animus immoderata, incredibilia, nimis alta semper cupiebat.

(*Cat.* 4,3-5,5)

Lawrence Alma-Tadema: Catilina (1869)

1. Nennen Sie die Ausdrücke, die deutlich machen, dass Sallust die Verschwörung Catilinas als „denkwürdigen Fall" bezeichnet, an dem menschliches Verhalten modellartig zur Anschauung kommt.
2. Zeichnen Sie den Aufbau der Charakteristik Catilinas nach. Welche Eigenschaften werden ihm zugeschrieben? In welche Richtung wird die Sympathie des Lesers gelenkt? Welche stilistischen Mittel setzt Sallust ein, um seine Aussageintention zu unterstützen?
3. Welche Begriffe und Wendungen zeigen an, dass nach Sallust Catilina schon von Natur aus zum Revolutionär bestimmt war?

Ⓚ Erg.: *paucis <verbis>* – **absolvere** h.: erledigen, darstellen – **novitas, -atis** (→ *novus*): Neuheit, Unerhörtheit – **quoius** ~ *cuius* – **explanare:** erklären
intestinus: innerlich, im Innern (**bella intestina:** die Bürgerkriege zwischen Optimaten und Popularen, vor allem zwischen Marius und Sulla in der Mitte des 1. Jh.s v. Chr.) – **rapina** (→ *rapere*): Raub – **patiens alcs rei:** fähig etwas zu ertragen – **inedia:** Hunger – **algor, -oris:** Schmerz – **vigilia:** Nachtwache – **supra** ~ *magis* – **subdolus:** hinterlistig – **varius** h.: launisch, wankelmütig – **quoius rei lubet:** in jeder beliebigen Sache – **simulator ac dissimulator alcs rei:** Meister der Heuchelei und der Verstellung in etwas
alienum, -i: fremdes Gut – **adpetens alcs rei:** begierig nach etwas – **suum, -i:** eigenes Gut – **profusus alcs rei:** verschwenderisch in etwas

3 Der Blick zurück

Roms Aufstieg

Res ipsa hortari videtur, quoniam de moribus civitatis tempus admonuit, supra repetere ac paucis instituta maiorum domi militiaeque, quomodo rem publicam habuerint, quantamque reliquerint, ut paulatim immutata ex pulcherruma atque optuma pessuma ac flagitiosissuma facta sit, disserere.
Urbem Romam, sicuti ego accepi, condidere atque habuere initio Troiani, qui Aenea duce profugi sedibus incertis vagabantur, et cum iis Aborigines, genus hominum agreste, sine legibus, sine imperio, liberum atque solutum.
Hi postquam in una moenia convenere, dispari genere, dissimili lingua, alii alio more viventes incredibile memoratu est, quam facile coaluerint: ita brevi multitudo dispersa atque vaga concordia civitas facta erat.
Sed postquam res eorum civibus, moribus, agris aucta, satis prospera satisque pollens videbatur, sicuti pleraque mortalium habentur, invidia ex opulentia orta est. Igitur reges populi-

Numa Pompilius, einer der ersten Könige Roms. Marmorbüste aus dem 5. Jh. v. Chr., Rom, Antiquario Forense

---

tempus h.: Umstand, Anlass – **supra repetere:** weiter ausholen, zurückgreifen – Ⓚ Verb. *paucis* (erg. *verbis*) *disserere* – **habere** h.: beherrschen. verwalten – **flagitiosus** (→ *flagitium*): schändlich, verkommen

profugus, -i (→ *fuga*): Flüchtling, auf der Flucht – Ⓚ *sedibus incertis* Abl. abs. als nom. Wendung („ohne festen Wohnsitz") – **vagari:** umherziehen, umherirren (Vagabund!) – **Aborigines, -um:** die Aboriginer (das Stammvolk der Latiner) – **agrestis, -e:** bäuerlich, Bauern- – **solutus** (→ *solvere*): zügellos, ungebunden

dispar, -is: ungleich – **dissimilis, -e:** unähnlich – **alius alio more (vivens):** der eine auf diese, der andere auf jene Art (lebend) – **incredibilis, -e:** abzuleiten von *in/credere* – Ⓚ *memoratu* Supin („zu erwähnen") – **coalescere** (*coalui*): zusammenwachsen – **dispersus, -a, -um:** zerstreut (lebend) – **vagus:** unstet (umherziehend)

prosper: günstig, blühend – **pollens, -ntis:** mächtig – **sicuti pleraque mortalium habentur:** wie es meist unter Menschen üblich ist – **finitumus** (→ *finis*): angrenzend, benachbart, Nachbar – Ⓚ *temptare, esse* usw.: hist. Infinitive

que finitumi bello temptare, pauci ex amicis auxilio esse. Nam ceteri metu perculsi a periculis aberant. At Romani domi militiaeque intenti festinare, parare, alius alium hortari, hostibus obviam ire, libertatem, patriam, parentesque armis tegere. Post, ubi pericula virtute propulerant, sociis atque amicis auxilia portabant, magisque dandis quam accipiundis beneficiis amicitias parabant. Imperium legitumum, nomen imperii regium habebant.
Delecti, quibus corpus annis infirmum, ingenium sapientia validum erat, rei publicae consultabant: ii vel aetate vel curae similitudine patres appellabantur. Post, ubi regium imperium, quod initio conservandae libertatis atque augendae rei publicae fuerat, in superbiam dominationemque se convortit, immutato more annua imperia binosque imperatores sibi fecere; eo modo minume posse putabant per licentiam insolescere animum humanum.

(*Cat.* 5,9-6,7)

a

1. Warum möchte Sallust (Z. 1-5) die Anfänge der römischen Geschichte in Erinnerung rufen?
2. Stellen Sie in Z. 6-32 anhand der satzverbindenden Elemente (Konnektoren) fest, in wieviele Abschnitte sich dieser Text gliedern lässt.
3. Welches jeweils andere Stilmittel tritt dabei in jedem Abschnitt auffallend in Erscheinung? Was soll dadurch zum Ausdruck gebracht werden? Geben Sie den einzelnen Abschnitten eine passende Überschrift.
4. Zeichnen Sie die Entwicklung des römischen Staates nach, wie sie nach Sallusts Vorstellung am Anfang verlief. Welche Verhaltensweisen und Werte spielten dabei eine Rolle?
5. An welchem Punkt der Frühgeschichte Roms stellt Sallust einen Wendepunkt fest? Woran erkennt er diesen? Nennen Sie die einschlägigen Begriffe.
6. Welche Staatsform ergab sich daraufhin für Rom? Durch welche besondere Regelung war diese gekennzeichnet? Und warum musste diese so sein?
7. Beachten Sie die Wortstellung im letzten Satz. Warum stellt Sallust wohl *animum humanum* an das Ende des Satzes und des Kapitels?

---

20 **percellere** (*perculi, perculsum*): erschrecken, einschüchtern – **festinare:** eilen, h.: rasch handeln – **obviam ire:** entgegentreten – **propellere** (*propuli*): abwehren

25 **legitumus:** gesetzmäßig, rechtmäßig – Ⓚ *nomen imperii regium* (präd.) *habere* (weist auf die Herrschaftsform hin) – Ⓚ *delecti* Erg.: *viri* – **infirmus:** Gegenteil zu *firmus* – **validus** (→ *valere*): stark – **similitudo, -inis** (→ *similis*): Ähnlichkeit – Ⓚ *conservandae libertatis ... esse* Gen. qual. beim attributiv gebrauchten Gerundivum („dienen zu ...")

30 **annuus** (→ *annus*): jährlich (wechselnd) – **bini, -orum:** je zwei – **insolescere** h.: entarten

Rom am Anfang. Die Siedlung auf dem Palatin, 8. Jh. v. Chr.
Moderne Rekonstruktion, Rom, Antiquarium del Palatino

Der Lohn der Freiheit (nach *Cat.* 7-9)

Nachdem Lucius Iunius Brutus um 510 v. Chr. die Republik in Rom begründet hatte, festigte sich der römische Staat nach Innen und Außen. Die neu gewonnene Freiheit, die sich auch in der Bezeichnung der Staatsform mit *res publica libera* niederschlug, beflügelte alle Bürger zu großen Taten. Nach dem Erringen der Freiheit ist die Bürgerschaft in erstaunlich kurzer Zeit gewachsen (*civitas ... adepta libertate ... brevi crevit*). Gerade die Jugend fühlte sich ermutigt, mit höchster Anstrengung das Kriegshandwerk zu erlernen und sich seelisch und körperlich für den Kampf mit den Feinden tauglich zu machen. Ihr alles überragendes Handlungsmotiv war, durch Tapferkeit (*virtus*) möglichst großen Ruhm (*gloria*) zu erreichen. Die jungen Römer wollten Anerkennung, an Reichtum aber nur so viel, wie er sittlich vertretbar war (*divitias honestas*).

Die Römer vergrößerten ihr Reich mehr durch praktische Leistungskraft als durch

Der sogenannte Brutus Capitolinus, ein Bronzeporträt, das als Lucius Iunius Brutus gedeutet wird. Rom, Musei Capitolini

geistige Befähigung. Was ihren Gemeinschaftssinn trug, waren die guten Sitten (*boni mores*). Ihre Werte und Prinzipien waren Kühnheit (*audacia*) im Krieg und Rechtlichkeit (*aequitas*) in Friedenszeiten. Recht und Moral (*ius et bonum*), nicht Habsucht, Vertrauen auf Götter und Menschen (*fides*), nicht Streitsucht, durch Maß gebändigter Freiheitsdrang, nicht Willkür bestimmten Jahrhunderte lang den römischen Staat (*civitas Romana*) bei seinem Aufstieg zur Weltmacht.

Der Wendepunkt im Aufstieg des „Freistaates"

Ubi labore atque iustitia res publica crevit, reges magni bello domiti, nationes ferae et populi ingentes vi subacti, Carthago, aemula imperii Romani ab stirpe interiit, cuncta maria terraeque patebant: saevire fortuna ac miscere omnia coepit. Qui labores, pericula, dubias atque asperas res facile toleraverant, iis otium, divitiaeque, optanda alias, oneri miseriaeque fuere. Igitur primo pecuniae, deinde imperii cupido crevit: ea quasi materia omnium malorum fuere. Namque avaritia fidem, probitatem ceterasque artes bonas subvortit; pro his superbiam, crudelitatem, deos neglegere, omnia venalia habere edocuit. Ambitio multos mortales falsos fieri subegit, aliud clausum in pectore, aliud in lingua promptum habere, amicitias inimicitiasque non ex re, sed ex commodo aestumare, magisque voltum quam ingenium bonum habere. Haec primo paulatim crescere, interdum vindicari; post, ubi contagio quasi pestilentia invasit, civitas immutata, imperium ex iustissimo atque optumo crudele intolerandumque factum.

(*Cat.* 10,1-6)

Ⓚ Erg.: *domiti <sunt>*; *subacti <sunt>* – **reges:** gemeint sind die Könige fremder Völker – **Carthago:** ↗ i 3,1; S. 29 – **aemula:** Nebenbuhlerin, Rivalin – **ab stirpe:** von Grund auf, völlig – **saevire:** toben, wüten – **miscere:** verwirren, in Unordnung bringen – Ⓚ Ordne: *iis, qui* – **dubius:** zweifelhaft, unsicher

5 **probitas, -atis** (→ *probus*): Anstand, Redlichkeit – **materia:** Stoff, Grund – **subvortere:** zerstören, untergraben – **pro** (Präp.) h.: an Stelle von – Ⓚ *deos neglegere, omnia ... habere*: Obj. zu *edocuit* – **edocere** ~ *docere*

10 **subigere** ~ *cogere* – **promptus:** bereit, offen – **ex re ... ex commodo aestumare:** nach dem (inneren) Wert) ... nach dem (äußeren) Nutzen bewerten – Ⓚ *crescere ... vindicari*: hist. Infinitive – **vindicare:** rächen, bestrafen, ahnden – **post** ~ *postea* – **contagio, -onis** (→ *tangere*): Berührung, Ansteckung, ansteckende Krankheit – **pestilentia:** Pest

15 **intolerandus:** abzuleiten von *in/tolerare*

1. Beschreiben Sie, welche Entwicklung das Imperium Romanum im Inneren nahm. Worin sieht Sallust den Grund dafür?
2. Welche Folgen hatte der Umbruch für das Verhalten der Römer? Nennen Sie die dafür einschlägigen lateinischen Begriffe.
3. Wie beurteilt Sallust das Ergebnis dieses inneren Wandels?
4. Erläutern Sie, inwiefern man Catilina als ein Produkt dieser Entwicklung ansehen muss.
5. „Es ist jedoch ein trauriger Kommentar zu unserer Zivilisation, dass Krieg und Leiden eher imstande sind, die menschliche Opferbereitschaft zu mobilisieren als ein friedliches Leben und dass in Friedenszeiten vor allem die Selbstsucht zu gedeihen scheint." Diskutieren Sie, ob diese Analyse von Erich Fromm (*Haben oder Sein*, 1976) auch auf den römischen Staat zutrifft.

Erich Fromm, Psychologe (1900-1980)

Karthago – Roms mächtigste Gegnerin

Für das aufstrebende Imperium Romanum erwies sich die von den Phöniziern gegründete Stadt in Nordafrika als die mächtigste Gegnerin. Karthago wurde zur politischen und wirtschaftlichen Konkurrenz Roms, die alle Kräfte der Bürger band. Man fühlte sich immer bedroht. Deshalb sprach sich Cato der Ältere, ein feuriger Patriot, am Ende jeder seiner Senatsreden für die Vernichtung Karthagos aus: *Ceterum censeo Carthaginem esse delendam.* In drei großen Kriegen im 3. und 2. Jh. v. Chr. wurde die punische Rivalin niedergekämpft und schließlich 146 v. Chr. dem Erdboden gleichgemacht. In höchste Not gerieten die Römer im 2. Punischen Krieg, als der fähigste Feldherr der Karthager, Hannibal, von Spanien aus über die Alpen nach Italien vorgedrungen war und nach etlichen Siegen sogar dicht an die Hauptstadt Rom heranrückte. Der Schreckensruf *Hannibal ad portas!* blieb seitdem ein Trauma für die römische Seele. Er verselbständigte sich als geflügeltes Wort für eine höchste Krisensituation. Hannibal hat Rom allerdings nicht angegriffen; er wurde nach Karthago zurückgerufen und ist schließlich in Kleinasien – gewissermaßen in der Verbannung – gestorben. Für Rom war damit die letzte große Bedrohung von außen beseitigt.

Kopf der Tanit, der karthagischen Göttin der Fruchtbarkeit, mit Haarrolle im Nacken (sog. „Hannibalische Art"). Punische Münze, 3. Jh. v. Chr.

Die Umwertung aller Werte (nach *Cat.* 11-13)
Der innere Zerfall Roms hatte eine Triebkraft: die Habgier. Man trachtete mit List und Täuschung nach Besitz und Reichtum. Unter dem mächtigen Diktator Sulla ergriff die Habsucht auch das Heer, so dass die Soldaten zu wilden Kriegern entarteten, sich der sexuellen Liebe und dem Alkohol hingaben, privaten und öffentlichen Besitz raubten, auch vor der Schändung von Tempeln nicht zurückschreckten.

Postquam divitiae honori esse coeperunt et eas gloria imperium potentia sequebatur, hebescere virtus, paupertas probro haberi, innocentia pro malevolentia duci coepit.

Seitdem der Reichtum allmählich Ehre einbrachte und Ruhm, Herrschaft und Macht im Gefolge hatte, da begann die moralische Kraft zu erlahmen, Armut als Schande zu gelten, Redlichkeit als Böswilligkeit ausgelegt zu werden.

Igitur ex divitiis iuventutem luxuria et avaritia cum superbia invasere: rapere, consumere, sua parvi pendere, aliena cupere, pudorem, pudicitiam, divina atque humana promiscua, nihil pensi neque moderati habere.

Infolge des Reichtums riss dann bei der Jugend Genusssucht und Habgier sowie Überheblichkeit ein: Man raubte, verschwendete, schätzte das Eigene gering, begehrte Fremdes, hielt Ehrgefühl und Sittsamkeit, göttliche und menschliche Ordnung für belanglos, legte auf nichts Gewicht und hatte kein Maß mehr.

Operae pretium est, quom domos atque villas cognoveris in urbium modum exaedificatas, visere templa deorum, quae nostri maiores, religiosissumi mortales, fecere.

Wenn man die im Ausmaß von Städten gebauten Häuser und Villen kennt, dann lohnt sich die Mühe, auch Göttertempel anzusehen, die unsere Vorfahren, tiefreligiöse Menschen, geschaffen haben.

Verum illi delubra deorum pietate, domos suas gloria decorabant, neque victis quicquam praeter iniuriae licentiam eripiebant.

Jene freilich schmückten die Heiligtümer der Götter mit Ehrfurcht, sie nahmen den Besiegten nichts außer die Möglichkeit, Unrecht zu tun.

At hi contra, ignavissimi homines, per summum scelus omnia ea sociis adimere, quae fortissimi viri victores reliquerant: proinde quasi iniuriam facere id demum esset imperio uti.

Unsere Zeitgenossen dagegen, ganz kraftlose Menschen, haben in höchst verbrecherischer Weise den Bundesgenossen all das weggenommen, was ihnen die heldenhaften Sieger einst gelassen hatten, gerade als ob Unrechttun erst bedeute, Herrschaft auszuüben.

1. Welche traditionellen Werte nimmt Sallust in den Blick? Nennen Sie die dafür einschlägigen lateinischen Begriffe aus dem Text. Welche Einschätzung erfahren diese Werte von den Römern im Laufe der Zeit?
2. Wie wirkt sich der Zuwachs an Reichtum auf die Moral der römischen Jugend aus? An welchen lateinischen Negativbegriffen lassen sich die Folgen, die Sallust sieht, ablesen?
3. Welche Gefahr ergibt sich für Sallust im Hinblick auf den berühmten, den Römern dieser Zeit bekannten Satz des Dichters Ennius (239-169 v. Chr.): MORIBUS ANTIQUIS RES STAT ROMANA VIRISQUE. (so bei Cicero, *De re publica* V 1,1)? Zitieren Sie aus dem lateinischen Text den Satz, in dem der Autor sein Urteil darüber pointiert zum Ausdruck bringt.

Wohlstandsgesellschaft in Rom

Nam quid ea memorem quae nisi eis, qui videre, nemini credibilia sunt, a privatis compluribus subvorsos montes, maria constrata esse? Quibus mihi videntur ludibrio fuisse divitiae: quippe quas honeste habere licebat, abuti per turpitudinem properabant. Sed lubido stupri ganeae ceterique cultus non minor incesserat: viri muliebria pati, mulieres pudicitiam in propatulo habere: vescendi causa terra marique omnia exquirere; dormire prius, quam somni cupido esset.

Non famem aut sitim, neque frigus neque lassitudinem opperiri, sed ea omnia luxu antecapere. Haec iuventutem, ubi familiares opes defecerant, ad facinora incendebant; animus imbutus malis artibus haud facile lubidinibus carebat. Eo profusius omnibus modis quaestui atque sumptui deditus erat.

(*Cat.* 13,1-5)

---

credibilis, -e abzuleiten von *credere* – **subvortere** h.: abtragen – **consternere** (*constravi, constratum*) h.: bedecken, überbauen – **ludibrio esse:** zum Spiel dienen – Ⓚ Erg.: *<eis> abuti*; **abuti:** missbrauchen – **turpitudo, -inis** (→ *turpis*): Schande, schändliches Leben – **properare** m. Inf.: sich beeilen zu – **stuprum -i:** Unzucht, Hurerei

ganea: Schlemmerei – **cultus, -us** h: überzogener Lebensstil – **incedere** h.: einreißen, zur Gewohnheit werden – Ⓚ *pati, habere, exquirere, dormire*: hist. Infinitive – **muliebria pati:** Weibisches erdulden, sich als Weiber hergeben – **pudicitia** (→ *pudor*): Keuschheit – **in propatulo habere:** offen feilbieten – **vesci** h.: lecker essen – **exquirere:** auskundschaften, durchsuchen – Ⓚ *opperiri, antecapere*: hist. Infinitive – **sitis, -is:** Durst – **frigus, -oris:** Frost – **lassitudo, -inis:** Ermüdung, Müdigkeit – **opperiri:** erwarten, abwarten – **luxus, -us:** Luxus, Genusssucht – **anticapere:** vorwegnehmen

imbuere: beflecken, anstecken – **eo** m. Komp.: umso – **profusus** h.: hemmungslos – **quaestus, -us** (→ *quaerere*): Erwerb, Gewinn – **sumptus, -us** (→ *sumere*): Verbrauch

1. Aus welchen Feststellungen im Text lässt sich schließen, dass Sallust hier die Auswüchse einer „Wohlstandsgesellschaft“ kritisiert? Nennen Sie einschlägige Begriffe aus dem Text.
2. Woran leidet Roms Jugend nach Sallusts Urteil? Welche negativen Erscheinungen brandmarkt er?
3. Inwiefern kann man in dieser Entwicklung der römischen *civitas* eine Dekadenz erkennen?
4. Welche Aussagen des Textes werden durch das unten abgedruckte Vasenbild, das aus dieser Entwicklungsphase des Staates stammt, bestätigt?

Römische Gelageszene mit einem Liebespaar im Zentrum.
Kampanischer Glockenkrater aus republikanischer Zeit, Neapel, Museo Nazionale

Die amerikanische Kulturkritikerin Jane Jacobs vergleicht in ihrem Buch *Dark Age Ahead* (2004) das römische Reich nach der Zerstörung Karthagos mit dem amerikanischen Imperium. Sie kommt zu dem Schluss, „dass sich die amerikanische Gesellschaft derzeit auf eine Zeit der Finsternis zu bewege, die nicht nur den Untergang eines Weltreiches, sondern der amerikanischen Zivilisation an sich zur Folge haben werde.“

Nehmen Sie – gestützt auf Aussagen Sallusts – Stellung zu Jane Jacobs’ Urteil.

4 Die Krise der Gegenwart

Catilinas Anhänger

In tanta tamque corrupta civitate Catilina, id quod facillumum erat, omnium flagitiorum atque facinorum circum se tamquam stipatorum catervas habebat. Nam quicumque impudicus, adulter, ganeo, aleo manu, ventre, pene bona patria laceraverat, quicumque alienum aes grande conflaverat, quo flagitium aut facinus redimeret, praeterea omnes undique parricidae, sacrilegi, convicti iudiciis aut pro factis iudicium timentes, ad hoc quos manus atque lingua periurio aut sanguine civili alebat, postremo omnes, quos flagitium, egestas, conscius animus exagitabat, ii Catilinae proximi familiaresque erant.

Wenn aber einer, der noch frei von Schuld war, in seinen Freundeskreis geraten war, dann wurde er durch den täglichen Umgang und die Verlockung leicht den übrigen völlig gleich gemacht. Vor allem aber suchte Catilina die Freundschaft junger Menschen; sie ließen sich bei ihrer Weichheit und Beeinflussbarkeit mit List unschwer einfangen. Denn je nach der Leidenschaft, die in jedem seiner Altersstufe entsprechend loderte, verschaffte er den einen Dirnen, kaufte den anderen Hunde und Pferde; kurz, er sparte keine Kosten und kannte kein Maß, wenn er sich jene nur hörig und ergeben machen konnte. Meines Wissens glaubten manche Leute, dass die Jugend, die in Catilinas Haus verkehrte, sich schnell recht schamlos benommen habe.

(*Cat.* 14,1-7)

1. Aus welchem Milieu kommen nach Sallusts Ansicht die Anhänger Catilinas? Inwiefern lassen sich hier bestimmte Gruppen unterscheiden?
2. Nennen Sie die entsprechenden Begriffe, die sich den Gruppen zuordnen lassen.
3. Wie versuchte Catilina, die jungen Menschen an sich zu binden?

Catilina vor seinen Anhängern, Buch-Illustration

Ⓚ *id quod* Rel.-Satz bezieht sich auf den Inhalt des ganzen übergeordneten Satzes – **tamquam:** gleichsam – **stipator, -oris:** Begleiter, Anhänger – **caterva:** Haufe – **impudicus:** schamlos, Wüstling – **adulter, -eri:** Ehebrecher – **ganeo, -onis:** Schlemmer – **aleo, -onis:** leidenschaftlicher Spieler – **penis, -is:** männliches Glied, h. übertr.: Hurerei – **lacerare:** zerreißen, ruinieren – **aes alienum:** Schulden

5 **conflare:** aufblasen, anhäufen – **quo** (m. Konj.): um dadurch – **redimere:** loskaufen, erkaufen – **sacrilegus:** Tempelräuber, Erzschurke – **periurium, -i:** Meineid – **conscius animus** h.: Schuldbewusstsein

Catilinas Plan (nach *Cat.* 14, 7-16,5)
Das Haus Catilinas galt als beliebter Treffpunkt solch moralisch labiler Leute. Was sich dort abspielte, lässt Sallust zunächst noch offen. Er listet allerdings in diesem Zusammenhang Catilinas verbrecherische Taten (etwa den Mord am eigenen Sohn) auf und stellt seine Unterweisung der Gesinnungsfreunde in allen möglichen Vergehen heraus, so dass der Eindruck entsteht, es handle sich hier um ein Trainingslager für Verbrecher.

His amicis sociisque confisus Catilina, simul quod aes alienum per omnis terras ingens erat et quod plerique Sullani milites, largius suo usi, rapinarum et victoriae veteris memores civile bellum exoptabant, opprimundae rei publicae consilium cepit.
In Italia nullus exercitus, Cn. Pompeius in extremis terris bellum gerebat; ipsi consulatum petenti magna spes, senatus nihil sane intentus: tutae tranquillaeque res omnes, sed ea prorsus opportuna Catilinae.

(*Cat.* 16,4-5)

1. Was ist Catilinas Plan? Welche lateinische Wortverbindung verwendet Sallust dafür?
2. Welche Gründe nennt Sallust für Catilinas verwegenen Entschluss? Unter welchen Umständen konnte dieser Erfolgsaussichten für seinen Plan erkennen?

Gnaeus Pompeius (106-48 v. Chr.)
war 70 v. Chr. bereits mit 36 Jahren Konsul geworden. Aufgrund seiner militärischen Fähigkeiten bekam er in der Folgezeit die – in Rom nicht vorgesehene Rolle – eines „Reichsfeldherrn“ übertragen.
67 erhielt er den Oberbefehl über drei Jahre für das gesamte Mittelmeer und die Küstenregionen. Es standen ihm 20 Legionen und 500 Schiffe zur Verfügung. Diese setzte er im Kampf gegen die Seeräuber und dann gegen Mithridates, den König von Pontus in Kleinasien (↗ i 7,2; S. 55), ein.
Nach dem Sieg über die beiden Feinde Roms führte er im Osten eine völlige Neuordnung des Imperium Romanum durch.

Pompeius. Kopenhagen, Ny Carlsberg Glyptothek

Sullanus: sullanisch, im Dienste Sullas (Führer der Optimaten und Diktator, 138-78 v. Chr., ↗ i 7,1; S. 53) – **largus:** reichlich, üppig – **suum, -i:** sein/ihr Eigentum – **exoptare** ~ *optare* **extremus:** äußerst – **nihil sane** h: durchaus nicht – **tranquillus:** still, ruhig

Mobilmachung im Untergrund (nach *Cat.* 17-19)
Im Juni des Jahres 64 begann Catilina, mit gezielten Maßnahmen eine möglichst große Zahl von „diesen Freunden und Genossen" für seinen Plan zu gewinnen; er wollte nämlich diesmal seinen Angriff auf den Staat und die ihn beherrschende Clique auf eine breite und stabile Grundlage stellen. So war er sich wohl sicher, mehr Aussicht auf Erfolg zu haben als bei seinem ersten Putschversuch im Jahr 65, den Sallust in einem knappen Exkurs erwähnt. Damals hatte Catilina die Absicht, nicht nur den Konsul, sondern die meisten Senatoren zu ermorden, was für den Historiker „das schlimmste Verbrechen seit Gründung der Stadt" gewesen wäre. Dieses Unternehmen scheiterte an der Unzulänglichkeit des Anführers selbst, wohl aber auch an der zu geringen Zahl von Komplizen.
Die jetzige Mobilmachung im Untergrund wurde mit mehr Zielstrebigkeit und Taktik organisiert. Catilina gesellte alle, bei denen er Bereitschaft vermutete, um sich: lauter unzufriedene Leute und Hasardeure, vor allem aus dem Adel, sogar aus dem Senatoren- und Ritterstand; die meisten kamen aus Rom, nicht wenige aber auch aus den Kolonistensiedlungen und Landstädten. Selbst der finanzkräftigste Mann der Zeit, Marcus Licinius Crassus, der später einmal (60 v. Chr.) mit Caesar und Pompeius zusammen das erste Triumvirat bilden sollte, habe Gerüchten zufolge, so berichtet Sallust, zu den Sympathisanten des Putschisten gehört, weil er sich bei einem Erfolg der Verschwörung eine führende Machtposition erhoffte.

i 4,2

Crassus – ein Neureicher
In Otto Zierers Cicero-Biografie entsteht folgender Eindruck von Crassus: „Mir [= Cicero] scheint, Marcus Licinius Crassus ist innerlich keiner Partei verbunden, er vertritt nur die Crassus-Partei. Zu all den Reichtümern und Millionen, die er angehäuft hat, verlangt er nun noch Ehre und Macht. Vielleicht ist es so, dass nur noch das Stimulans der Macht die Nerven der übermäßig reichen Leute aufzuregen vermag. Ich sage mir, dass Crassus als römischer Ritter den alten Adelsfamilien immer für einen Neureichen und Emporkömmling gelten wird, und dass er dies weiß. Crassus wird sich auf die Ritterschaft und auf das käufliche Volk stützen. Er wird die Sache der Demokraten zu der seinigen machen."

(O. Zierer: *Cicero, Republikaner ohne Republik*, 1979)

M. Licinius Crassus. Kopenhagen, Ny Carlsberg Glyptothek

a

1. Trifft es zu, dass Sallust den Verschwörer Catilina in den Augen seiner Leser als „Anführer der römischen Unterwelt" erscheinen lassen will? Begründen Sie Ihr Urteil.
2. Überlegen Sie, warum man in Rom Crassus der Komplizenschaft mit Catilina verdächtigen konnte. Ziehen Sie dazu i 4,2 heran.

5 Catilinas Appell an seine Anhänger

Im Jahre 64 v. Chr. sammelte Catilina vor der Wahl der Konsuln für das Jahr 63 seine engsten Vertrauten um sich; er zog sich mit ihnen in den abgelegenen Teil eines Hauses zurück und hielt dort folgende Rede.

Der Kampf gilt der Freiheit

„Ni virtus fidesque vostra spectata mihi forent, nequiquam opportuna res cecidisset: spes magna, dominatio in manibus frustra fuissent. Neque vero per ignaviam aut vana ingenia incerta pro certis captarem. Sed quia multis et magnis tempestatibus vos cognovi fortes fidosque mihi, eo animus ausus est maxumum atque pulcherrumum facinus incipere, simul quia vobis eadem quae mihi bona malaque esse intellexi. Nam idem velle atque idem nolle, ea demum firma amicitia est. Sed ego quae mente agitavi, omnes iam antea divorsi audistis. Ceterum mihi in dies magis animus accenditur, cum considero, quae condicio vitae futura sit, nisi nosmet ipsi vindicamus in libertatem. Nam postquam res publica in paucorum potentium ius atque dicionem concessit, semper illis reges tetrarchae vectigales esse, populi nationes stipendia pendere, ceteri omnes, strenui boni, nobiles atque ignobiles, vulgus fuimus sine gratia, sine auctoritate, iis obnoxii, quibus, si res publica valeret, formidini essemus. Itaque omnis gratia, potentia, honos, divitiae apud illos sunt aut, ubi illi volunt. Nobis reliquere pericula, repulsas, iudicia, egestatem."

(*Cat.* 20,2-8)

---

ni ∼ *nisi* – **spectatus:** erprobt, erkannt – **forent** ∼ *essent* – **opportuna res cadit:** eine Sache entwickelt sich günstig – **ignavia:** Feigheit, h. konkret: Feiglinge – **vana ingenia:** konkret: unzuverlässige Geister, Hasardeure – **captare alqd:** nach etwas greifen

5 **demum** (Adv.): erst – **agitare:** betreiben, erwägen – **divorsi** (präd.): getrennt, einzeln

10 **nosmet:** verstärktes *nos* – **vindicare:** befreien, retten, h.: führen (zu/in) – **dicio:** Macht, Gewalt – **concedere in** h.: fallen, geraten in – **tetrarchae, -arum:** gr. Tetrarchen (von den Römern eingesetzte Kleinkönige) – **vectigalis, -e:** steuerpflichtig – Ⓚ *esse, pendere*: hist. Infin. – **stipendia pendere:** Steuern zahlen

15 **formidini esse alci:** für jdn. Furcht und Schrecken bedeuten – **repulsa:** Abweisung (bei einer Amtsbewerbung)

Symbole der Solidarität: In Krisenzeiten beschworen die Römer besonders intensiv die Tugend der *Fides* (bzw. *Concordia*). Diese Tugend galt vor allem auch als Garant der Heeresdisziplin, wie die beiden goldenen Soldatenringe und die Münze aus der Kaiserzeit zeigen.

1. Gliedern Sie diesen Teil der Rede in Abschnitte. Geben Sie die darin tragenden Begriffe an.
2. Nennen Sie den Leitbegriff dieser Gruppierung. Was stellt er für die geplante Revolution dar?
3. Welchen Gegensatz stellt der Redner heraus? Was möchte er damit erreichen?

Nehmt mich als euren Mitkämpfer!

„Quae quo usque tandem patiemini, o fortissimi viri? Nonne emori per virtutem praestat quam vitam miseram atque inhonestam, ubi alienae superbiae ludibrio fueris, per dedecus amittere? Verum enim vero, pro deum atque hominum fidem, victoria in manu nobis est, viget aetas, animus valet; contra illis annis atque divitiis omnia consenuerunt. Tantummodo incepto opus est, cetera res expediet. Etenim quis mortalium, quoi virile ingenium est, tolerare potest illis divitias superare, quas profundant in exstruendo mari et montibus coaequandis, nobis rem familiarem etiam ad necessaria deesse? Illos binas amplius domos continuare, nobis larem familiarem nusquam ullam esse? Quom tabulas, signa, toreumata emunt, nova diruunt, alia aedificant, postremo

---

quo usque tandem: wie lange eigentlich noch? – **emori** ~ *mori* – **inhonestus:** unehrenhaft – **ludibrio esse alci:** jdm. zum Gespött dienen – **verum enim vero:** aber in der Tat – **pro deum** (~ *deorum*) **atque hominum fidem** (beschwörende Anrufung): Bei allem Vertrauen auf Götter und Menschen! So wahr man auf Götter und Menschen vertrauen kann! – **vigere:** stark sein

consenescere: alt werden, vergreisen, erlahmen – **expedire:** bewältigen, erledigen – **superare alci** h.: jdm. im Überfluss zur Verfügung stehen – **profundere:** vergeuden – **exstruere mare:** das Meer überbauen – **coaequare montes:** die Berge einebnen (für Bauten) – **res familiaris:** Vermögen – Ⓚ *illos ... esse*: AcI noch abh. von *tolerare potest* – **bini:** (je) zwei

continuare: ununterbrochen aneinanderreihen – **lar familiaris:** Schutzgeist von Haus und Familie, h.: eigener Herd – **toreuma, -atis** (gr.): Ziergeschirr – **diruere:** einreißen

Catilina appelliert an seine Mitverschwörer. Sallust-Handschrift, 15. Jh., Vatikan

omnibus modis pecuniam trahunt, vexant, tamen summa lubidine divitias suas vincere nequeunt. At nobis est domi inopia, foris aes alienum, mala res, spes multo asperior. Denique quid reliqui habemus praeter miseram vitam? Quin igitur expergiscimini? En, illa, illa, quam saepe optastis, libertas, praeterea divitiae, decus, gloria in oculis sita sunt. Fortuna omnia ea victoribus praemia posuit. Res, tempus, pericula, egestas, belli spolia magnifica magis quam oratio mea vos hortantur.

Vel imperatore vel milite me utimini: neque animus neque corpus a vobis aberit. Haec ipsa, ut spero, vobiscum una consul agam, nisi forte me animus fallit et vos servire magis quam imperare parati estis."

(*Cat.* 20,9-17)

a

1. Erläutern Sie, wodurch die Rede in t 5,2 eine andere Qualität bekommt. Beachten Sie dabei die Personen-Verwendung bei den Prädikaten und die Mittel, die der Redner einsetzt, um die Zuhörer für seine Sache, den Mord am Konsul, zu gewinnen.
2. Worin sehen Sie den Höhepunkt der Rede? Auf welche Leitbegriffe setzt der Redner? Ziehen Sie dazu auch das Zitat im Bild heran.
3. Wen versucht Catilina durch seine Rede zu dämonisieren? Wie schafft er es, dass er seine Anhänger mit sich und untereinander solidarisiert?
4. Beurteilen Sie, ob bzw. welche Gefahr von dieser Rede ausgeht. Wie kann man eine solche Rede bezeichnen?

---

vexare h.: verschleudern – **nequeunt:** sie können nicht – **foris:** draußen – **quid reliqui habemus?:** Was haben wir noch übrig? Was bleibt uns noch übrig?
quin: warum nicht? – **expergisci:** erwachen – **en!:** sieh, seht! – **in oculis:** unmittelbar vor Augen – **spolia, -orum:** Kriegsbeute – **magnificus:** großartig, prächtig
una cum alqo: gemeinsam mit jdm. – **nisi forte:** es sei denn, dass

Z 5₁

Adolf Hitler am 19.12.1941 (Über den Rundfunk verbreitete Rede an die Soldaten des Heeres und der Waffen-SS):

„Soldaten des Heeres und der Waffen-SS!
Der Kampf um die Freiheit unseres Volkes zur Sicherung seiner Existenzbedingungen für die Zukunft, zur Beseitigung der Möglichkeit, uns alle 20 oder 25 Jahre unter einem neuen Vorwand, aber im tiefsten Grunde aus den gleichen jüdisch-kapitalistischen Interessen heraus mit Krieg zu überziehen, geht seinem Höhe- und Wendepunkt entgegen.
[...] Ich habe mich daher unter diesen Umständen heute entschlossen, als Oberster Befehlshaber der deutschen Wehrmacht die Führung des Heeres selbst zu übernehmen.
Soldaten! Ich kenne den Krieg schon aus den vier Jahren des gewaltigen Ringens im Westen 1914/18. Ich habe den Schrecken fast aller großen Materialschlachten als einfacher Soldat selbst miterlebt. Zweimal wurde ich verwundet und drohte endlich zu erblinden. Mir ist daher nichts fremd, was auch euch quält, euch belastet und bedrückt. Allein ich habe nach vier Jahren Krieg in keiner Sekunde an der Wiedererhebung meines Volkes gezweifelt und es mit meinem fanatischen Willen als einfacher deutscher Soldat fertiggebracht, die ganze deutsche Nation nach mehr als 15jähriger Arbeit zusammenzuschließen und von dem Todesurteil von Versailles zu befreien.
Meine Soldaten! Ihr werdet es daher verstehen: dass mein Herz ganz euch gehört, dass mein Wille und meine Arbeit unbeirrbar der Größe meines und eures Volkes dienen, dass mein Verstand und meine Entschlusskraft aber nur die Vernichtung des Gegners kennen, d.h. die siegreiche Beendigung dieses Krieges. Was ich für euch tun kann, meine Soldaten des Heeres und der Waffen-SS, in der Fürsorge und in der Führung wird geschehen. Was ihr für mich tun könnt und tun werdet, das weiß ich: Mir in Treue und Gehorsam folgen bis zur endgültigen Rettung des Reiches und damit unseres deutschen Volkes. Der Herrgott aber wird den Sieg seinen tapferen Soldaten nicht verweigern!
Führerhauptquartier, 19. Dezember 1941. Adolf Hitler."

(Aus: Adolf Hitler. Reden und Proklamationen, hg. von Max Domarus, Bd. 2, Neustadt a.d.A. 1963, 1814f.)

a.

1. Welche verschiedenen historischen Situationen und Ideologien liegen den beiden Reden zugrunde?
2. Inwiefern zeigt die Rede Hitlers in den Zielen dennoch Gemeinsamkeiten mit der Rede Catilinas? Nennen Sie übereinstimmende Begriffe und Motive.
3. Auch in der psychagogischen Taktik sind beide Reden ähnlich angelegt: Versuchen Sie, dies nachzuweisen. (Bedenken Sie dabei zum Beispiel, dass Hitler im 1. Weltkrieg nie in Russland war, obwohl er behauptet, ihm seien die Leiden seiner Soldaten „nicht fremd".)
4. Welcher grundsätzliche Unterschied besteht im Charakter der Redner sowie in Redeanlass und Redeziel?

Der Bluteid der Catilinarier

Nach dieser Rede wollten die Verbündeten von Catilina über Erfolgsaussichten und über ihre Vorteile bei dem Krieg, zu dem sie gewonnen werden sollten, informiert werden. Catilina versprach ihnen als Lohn für ihre Teilnahme u.a. die Streichung aller Schulden, Staatsämter und Kriegsbeute; er wies auch auf bereits getroffene Vorbereitungen (z.B. auf Heere, die auf den Einsatz in Ostspanien und in Mauretanien warteten) hin. Zudem sprach er jeden Einzelnen auf seine besondere Lage an und ermutigte ihn persönlich.

Fuere ea tempestate, qui dicerent Catilinam oratione habita, quom ad iusiurandum populares sceleris sui adigeret, humani corporis sanguinem vino permixtum in pateris circumtulisse. Inde quom post exsecrationem omnes degustavissent, sicuti in solemnibus sacris fieri consuevit, aperuisse consilium suum, atque eo dicationem fecisse, quo inter se fidi magis forent alius alii tanti facinoris conscii.

(*Cat.* 22,1-2)

Der Bluteid der Catilinarier. Radierung von Fortune de Fournier nach einem Gemälde von Salvatore Rosa (1615-1673)

adigere: heranführen, drängen, zwingen – **permiscere** (*permiscui, permixtum*) **alqa re:** vermischen mit etwas – **patera:** flache Schale, Opferschale – **circumferre** h.: herumreichen – **inde** h.: davon (d.h. von diesem Trank) – **exsecratio, -onis** (→ *sacer*): Verwünschung, Beteuerung, Schwur – **degustare:** kosten von etwas – **solemnis, -e:** feierlich, heilig
5 **eo** h.: deshalb – **dicatio, -onis:** Bewerbung, h. Aufnahmeritual – Ⓚ *quo ~ ut eo* m. Komp. („damit umso ...") – **forent** ~ *essent*

Manche hielten dies und vieles andere für freie Erfindung von Leuten, die den Hass, der später gegen Cicero aufkam, abzumildern meinten durch grässliche Darstellung des Verbrechens der Bestraften. Uns ist diese Sache bei all ihrer Bedeutsamkeit doch zu wenig verbürgt

(*Cat.* 22,3)

1. Nennen Sie Ausdrücke und Wendungen, mit denen Sallust die Atmosphäre dieser Geheimveranstaltung kennzeichnet. Welcher Eindruck soll beim Leser entstehen?
2. Welche Motive könnten Catilina dazu veranlasst haben, seine Genossen diesen Bluteid leisten zu lassen?
3. Warum stellt Sallust die Wahrheit des überlieferten Bluteides infrage?

Cicero und Antonius als Konsuln ausgerufen (nach *Cat.* 23-24)
Die Ereignisse überschlugen sich. Einer der Verschwörer, Quintus Curius, ein Mann, der, wie Sallust meint, „ein Luder- und Lasterleben" führte, „verwegen und eingebildet", prahlte mit dem, was er wusste. So teilte er, um bei Fulvia, seiner Geliebten, gebührend Eindruck zu machen, ihr alles, was er über die Verschwörung wusste, mit. Diese Dame, dem Adel zugehörig, hielt eine „solche schwere Gefährdung des Staates" (*tale periculum rei publicae*) nicht bei sich, sondern brachte das Geheimnis ans Licht, ohne ihre Gewährsmänner zu nennen.
Die Öffentlichkeit reagierte geschockt, man rief in der Wahlversammlung Cicero und Antonius als Konsuln aus, wobei die Verantwortlichen aus Sorge um den Staat sogar alle aus ihrem Adelsstolz resultierende Reserve und Abneigung gegen einen „Emporkömmling" (*homo novus*), der Cicero war, verdrängten. Für die Genossen der Verschwörung war dies zwar ein harter Schlag, doch er steigerte nur noch Catilinas Radikalismus. Catilina warb sogar ehemalige Dirnen an, um durch sie die Sklaven der Stadt aufzuwiegeln, die Stadt in Brand zu stecken und die ehemaligen Freier für seine Zwecke einzusetzen.

Sempronia – eine Frau unter den Verschwörern

Sed in iis erat Sempronia, quae multa saepe virilis audaciae facinora commiserat. Haec mulier genere atque forma, praeterea viro et liberis satis fortunata fuit. Litteris Graecis et Latinis docta, psallere et saltare

fortunatus (→ *fortuna*): vom Glück begünstigt, glücklich, gesegnet – Ⓚ *docta*: davon abh. eine dreifache Konstr.: m. Abl. („gebildet in"), mit Inf. („gebildet dazu, ..."), m. Akk. („verständig in") – **psallere:** Zither spielen – **saltare:** tanzen

elegantius quam necesse est probae, multa alia, quae instrumenta luxuriae sunt. Sed ei cariora semper omnia quam decus atque pudicitia fuit. Pecuniae an famae minus parceret, haud facile discerneres. Lubido sic adcensa, ut saepius peteret viros quam peteretur. Sed ea saepe fidem prodiderat, creditum abiuraverat, caedis conscia fuerat: luxuria atque inopia praeceps abierat. Verum ingenium eius haud absurdum: posse versus facere, iocum movere, sermone uti vel modesto vel molli vel procaci. Prorsus multae facetiae multusque lepos inerat.

(*Cat.* 25)

1. Welche guten Eigenschaften stellt Sallust an Sempronia fest? Auf welchen Gebieten zeigen sich diese? Wie könnte man dieses Frauenbild bezeichnen?
2. Warum aber ließ sich Sempronia in diesen Verschwörerkreis hineinziehen? Begründen Sie die Antwort aus dem Text.

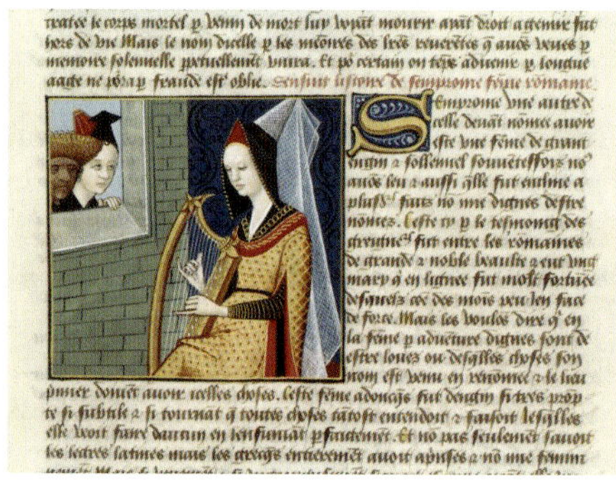

Sempronia. Französische Miniatur, um 1500, Paris, Bibliothèque Nationale

Der Staat wehrt sich (nach *Cat.* 26-31,3)

Catilina bewarb sich, obwohl die Öffentlichkeit von seinen revolutionären Absichten wusste, für das Jahr 62 nochmals offiziell um das Konsulat. Im Hintergrund schürte er freilich den Hass gegen das politische Establishment und gegen Cicero weiter. Der Konsul jedoch wusste sich – durch Curius über Catilinas Schritte ständig in Kenntnis gesetzt – mit List und Schlauheit dagegen zu sichern. Er hatte immer zum persönlichen Schutz Freunde und Anhänger getarnt um sich.

– **elegans, -ntis:** fein, geschmackvoll, geschickt – **instrumentum, -i** (→ *instruere*): Mittel
pudicitia (→ *pudet*): Keuschheit – Ⓚ ~ *discerneres*: Potentialis der Verg. („man hätte unterscheiden können") – **fidem prodere:** das Wort brechen – **creditum abiurare:** ein Darlehen ableugnen – **praeceps abit:** es geht mit ihm/ihr abwärts
Ⓚ *posse*: hist. Inf. – **iocum movere:** einen Scherz machen – **procax, -acis:** frech, anzüglich – **facetiae, -arum:** Witz – **lepos, -oris:** Anmut, Humor

Schließlich entschied sich Catilina, da er bei der Konsulwahl wieder durchgefallen war und die vorbereiteten Anschläge nicht zum Erfolg kamen, zum offenen Krieg. Von außen (vor allem Etrurien, Picenum und Apulien) sollten die dort wartenden Heere den Angriff starten. In der Hauptstadt selbst begannen die Brandstiftungen, die wichtigsten Plätze wurden von den Catilinariern besetzt. Manlius, der Führer des Putschheeres in Etrurien, sollte am 27. Oktober 63 den Aufstand beginnen, für den folgenden Tag war in Rom ein Blutbad unter den Optimaten geplant. Doch Cicero kam dem zuvor. Aus Sorge um den Staat informiert er bereits am 21. Oktober den Senat.

Staatsnotstand

Cicero rem ad senatum refert iam antea volgi rumoribus exagitatam. Itaque quod plerumque in atroci negotio solet, senatus decrevit, <UT> DARENT OPERAM CONSULES, NE QUID RES PUBLICA DETRIMENTI CAPERET. Ea potestas per senatum more Romano magistratui maxuma permittitur: exercitum parare, bellum gerere, coercere omnibus modis socios atque cives, domi militiaeque imperium atque iudicium summum habere; aliter sine populi iussu nullius earum rerum consuli ius est.

(*Cat.* 29,1-3)

Aus der Notstandsverfassung der Bundesrepublik Deutschland
Der Verteidigungsfall kann vom Bundestag mit Zweidrittelmehrheit und unter Zustimmung des Bundesrates festgestellt werden, wenn das Bundesgebiet mit Waffengewalt angegriffen wird oder ein solcher Angriff unmittelbar droht. Die Befehls- und Kommandogewalt über die Streitkräfte geht auf den Bundeskanzler über, die Berufsfreiheit ist eingeschränkt (Dienstverpflichtung).

1. Mit welchen Wendungen sind der Staatsnotstand und der daraus abgeleitete Auftrag an die Konsuln ausgedrückt?
2. Welche Befugnisse werden dabei den Konsuln eingeräumt?
3. Vergleichen Sie im Hinblick auf den Staatsnotstand die Rechtspraxis in Rom und in der Bundesrepublik Deutschland (↗ i 5,1).

---

rumor, -oris: Gerücht, Gerede – **exagitare:** aufhetzen, h.: hochspielen – **atrox, -ocis:** schlimm, schrecklich, bedrohlich – Ⓚ *detrimenti*: Gen. part. abh. von *<ali>quid* – **detrimentum, -i:** Schaden
coercere: zügeln, in Ordnung, in Schach halten – **iussu:** auf Befehl

6 Die Republik am Abgrund

Die Revolution war kurz vor dem Ausbruch. Die Situation spitzte sich dramatisch zu. Dabei ging nicht allein von den Catilinariern in Rom Bedrohung aus; dort hatten die Brandschatzungen begonnen, die geplanten Anschläge waren im Gange, alle wichtigen Plätze waren besetzt. Auch rings um die Hauptstadt wuchs die Gefahr. Revolutionsheere warteten auf den Befehl zum Angriff, in Etrurien unter der Führung von Gaius Manlius, in Picenum unter der eines gewissen Septimius und in Apulien unter der des Gaius Iulius.

Die Stadt war gewissermaßen eingekreist. Über Rom lag finstere Nacht. Die Republik stand am Abgrund. Ihre Vertreter waren höchst nervös und aufgeregt. Ein starker Mann, der dem Feind Catilina Paroli bieten konnte, war gefragt: Das war Marcus Tullius Cicero; er organisierte die Verteidigung des Staates.

a

1. Gestalten Sie eine Sonderseite der römischen Tageszeitung ACTA DIURNA über diese akute Notlage der Stadt und des Staates.
2. Entwerfen Sie das Drehbuch für ein Hörspiel oder einen Kurzbericht über dieses Gefahren-Szenario.

Ciceros großer Auftritt (nach *Cat.* 30-31)
Sofort wurden Feldherren mit ihren Truppen über ganz Italien verteilt. In Rom wurden überall Wachen postiert. Man setzte eine Belohnung für Hinweise auf Aktionen der Verschwörer aus. Unter der Bevölkerung herrschte Aufregung, die sich bis zur Panik steigerte.
Am 8. November kam es zu einer entscheidenden Senatsversammlung im Tempel des Iuppiter Stator. Catilina, kaltblütig und ein Meister der Verstellung – am Vortag war ein Mordanschlag auf Cicero misslungen –, kam aus dem Untergrund direkt in die Sitzung, entweder um die Sache zu vertuschen oder um sich reinzuwaschen. Das war Ciceros Chance zum kräftigen Gegenschlag.

Tum M. Tullius orationem habuit luculentam atque utilem rei publicae, quam postea scriptam edidit. Sed ubi adsedit, Catilina, ut erat paratus ad dissimulanda omnia, demisso voltu, voce supplici postulare a patribus coepit, ne quid de se temere crederent:

> ea familia se ortum, ita se ab adulescentia vitam instituisse, ut omnia bona in spe haberet. Ne existumarent sibi, patricio homini, quoius ipsius atque maiorum pluruma beneficia in plebem Romanam essent, perdita re publica opus esse, quom eam servaret M. Tullius, inquilinus civis urbis Romae.

Ad hoc male dicta alia quom adderet, obstrepere omnes, hostem et parricidam vocare. Tum ille furibundus „quoniam quidem circumventus“ inquit „ab inimicis praeceps agor, incendium meum ruina restinguam“.

(*Cat.* 31,6-9)

---

luculentus (→ *lux*): glänzend, strahlend – **adsidere** (*adsedi*): sich niedersetzen – **dissimulare:** verheimlichen, ableugnen – **demissus:** gesenkt, niedergeschlagen – **temere** (Adv.): blindlings, grundlos
Ⓚ *ea ... Romae*: orat. obliqua – **patricius:** patrizisch, Patrizier – **mihi opus est alqa re:** ich habe etwas nötig – **quom** m. Konj. h.: wo doch (ironisch) – **inquilinus:** dahergelaufen
obstrepere: lärmen, niederschreien – **furibundus:** tobend, wütend – **praecipitem agere alqm:** jdn. in den Abgrund treiben – **ruina:** Sturz, Untergang – **restinguere:** löschen, ersticken

Cesare Maccari: Cicero beschuldigt Catilina im Senat der Verschwörung (1889). Fresko, Rom, Palazzo Madama, Sitzungssaal

Die von Cicero veröffentlichte Rede ist gerade wegen ihres einleitenden Satzes berühmt geworden; ihr Anfang lautet:
„Wie lange willst du eigentlich unsere Geduld missbrauchen, Catilina? Wie lange soll uns dein wahnwitziges Treiben noch zum Besten haben? Wie lang will sich deine zügellose Frechheit noch brüsten? ... Merkst du nicht, dass deine Pläne klar zutage liegen; siehst du nicht, dass deine Verschwörung durch die Kenntnis aller Anwesenden bereits erdrosselt wird? Was du in der letzten, der vorvergangenen Nacht getrieben hast, wo du gewesen bist, wen du zusammengerufen, was du beschlossen hast, wer von uns weiß das nicht? Was sind das für Zeiten, was für Sitten! Der Senat weiß alles, der Konsul sieht es. Trotzdem lebt dieser Mensch! Lebt? Ja, kommt sogar in den Senat ... und bestimmt einen jeden von uns zur Ermordung.“

(Cicero, *In Catilinam* 1,1)

1. In welcher inneren Verfassung ist Cicero wohl gewesen, als er diese Rede hielt? Wie drückt sich das an der zitierten Stelle der Rede aus?
2. Welche Taktik wählt Catilina vor dem Senat? Mit welchem Erfolg? Wie kommt dies im Bild von Cesare Maccari (↗ S. 46) zur Geltung?

Catilina verschwindet aus Rom (nach *Cat.* 32,1-2)
Vom Senat geschmäht und niedergeschrien, verließ Catilina unter üblen Drohungen den Senat. Er folgte damit dem scharfen Appell, den Cicero in seiner Rede mehrmals an ihn gerichtet hatte:
Egredere ex urbe, Catilina, libera rem publicam metu, in exilium ... proficiscere!

(Cicero, *In Catilinam* 1,20)

Catilina floh aus Rom nach Faesulae in Etrurien zu seinem Heer, das von Manlius geführt wurde. Die zurückgebliebenen Anhänger sollten die Revolte in der Stadt weiterführen, also das Morden und Brandschatzen fortsetzen und vom Untergrund aus die Stadt terrorisieren. Er gab den Auftrag, den Anschlag auf den Konsul schnellstens zu erledigen. Er selbst wolle, so versprach er, in den nächsten Tagen mit einem großen Heer vor die Stadt rücken.

Motive eines Revolutionsheeres

Während dieser Vorgänge in Rom schickte Gaius Manlius, der Führer des Revolutionsheeres in Etrurien, Gesandte an den ehemaligen Konsul Marcius Rex, der mit seinem Heer – der Republik treu ergeben – in der Nähe Roms stand und ungeduldig auf die Gewährung eines Triumphzuges wartete. Er hatte den Auftrag, gegen das Revolutionsheer vorzugehen. Die Gesandten redeten folgendermaßen auf ihn ein:

Deos hominesque testamur, imperator, nos arma neque contra patriam cepisse neque quo periculum aliis faceremus, sed uti corpora nostra ab iniuria tuta forent, qui miseri, egentes violentia atque crudelitate faeneratorum plerique patria, sed omnes fama atque fortunis expertes sumus.

Götter und Menschen rufen wir als Zeugen an, Feldherr, dass wir die Waffen weder gegen unser Vaterland erhoben haben, noch um andere in Gefahr zu bringen, sondern um uns selbst gegen Unrecht zu sichern, denn wir sind verelendet, verarmt und haben durch den rohen Zugriff von Wucherern größtenteils unsere Heimat, alle aber unseren guten Ruf und unsere Habe verloren.

Neque quoiquam nostrum licuit more maiorum lege uti neque amisso patrimonio liberum corpus habere. Tanta saevitia faeneratorum atque praetoris fuit. ...

Auch war es keinem von uns vergönnt, nach Art unserer Vorfahren den Schutz des Gesetzes zu genießen oder nach Verlust des Erbes die persönliche Freiheit zu behalten. So groß war die Brutalität der Wucherer und des Prätors. ...

Nos non imperium neque divitias petimus, quarum rerum causa bella atque certamina omnia inter mortales sunt, sed libertatem, quam nemo bonus nisi cum anima simul amittit.

Wir streben gar nicht nach Herrschaft und Reichtum, weswegen es ja unter den Menschen zu all den Kriegen und Streitigkeiten kommt, wir wollen nur unsere Freiheit, die ein rechter Mann nur zusammen mit dem Leben aufgibt.

(*Cat.* 33,1-5)

a

1. Nennen Sie aus dem lateinischen Text die Motive, von denen nach Angabe der Gesandten das Revolutionsheer bestimmt wird.
2. In welcher Hinsicht stimmen diese Motive mit denen überein, mit denen Catilina seine Anhänger zum Kampf gegen das Establishment aufgestachelt hat?
3. Wie beurteilen Sie diese Beweggründe des Heeres? Sind sie echt oder nur aus taktischer Überlegung so vorgebracht? Begründen Sie Ihr Urteil.

Catilina und Manlius zu „Staatsfeinden" erklärt (nach *Cat.* 34-36,3)
Der Feldherr Marcius Rex verlangte jedoch vom Heer des Manlius das Niederlegen der Waffen, worauf sich dieser allerdings nicht einließ. Da auch Catilina nicht aufhörte, auf alle mögliche Weise den Aufruhr zu schüren, wurden beide, Manlius und Catilina, vom Senat zu „Staatfeinden" (*hostes*) erklärt. Außerdem ordnete dieser an, dass alle Anhänger Catilinas in Rom die Waffen niederlegten. Die Konsuln sollten weitere Truppen ausheben, die gegen die Revolutionsheere auszurücken hatten. Cicero hatte den Schutz der Stadt zu übernehmen.

Staatsfeind

Hostis meinte ursprünglich den „Ausländer", später wurde damit ein ausländischer „Feind", der das Imperium Romanum bedrohte, bezeichnet. Darunter konnte eigentlich nur ein Volk verstanden werden, das sich in unrechter Weise gegen Rom wandte und gegen das dann ein „gerechter Krieg" geführt werden durfte. In der späten Römischen Republik wurde der Begriff jedoch auch auf römische Bürger angewandt, die gegen die Interessen der *res publica* bzw. die ihrer jeweiligen Vertreter verstießen. Dadurch, dass solche Bürger auf Proskriptionslisten gesetzt wurden, wurden sie zu *hostes*; sie verloren ihre Bürgerrechte. Man durfte sie ungestraft töten.

Was bedeutete es demnach, wenn Catilina und seine Anhänger zu „Staatsfeinden" erklärt wurden?

Ein römisches Heer – hier auf der Trajanssäule in Rom – in Wartestellung.
Ähnlich wartete Catilinas Revolutionsheer auf den Angriffsbefehl.

7 Der Nährboden der Revolution

Die Bürgermoral hat die Seuche

Ea tempestate mihi imperium populi Romani multo maxume miserabile visum est. Quoi quom ad occasum ab ortu solis omnia domita armis parerent, domi otium atque divitiae, quae prima mortales putant, adfluerent, fuere tamen cives, qui seque rem publicamque obstinatis animis perditum irent. Namque duobus senatus decretis ex tanta multitudine neque quisquam praemio inductus coniurationem patefecerat neque ex castris Catilinae quisquam omnium discesserat: Tanta vis morbi atque uti tabes plerosque civium animos invaserat.

(*Cat.* 36,4-5)

1. Mit welchem schlagenden Begriff kennzeichnet Sallust den inneren Zustand des Imperium Romanum? Welches Stilmittel hebt diesen Begriff stark heraus? Nennen Sie die Gründe, die den Autor zu seinem Urteil veranlassen.
2. Zitieren Sie Wörter und Wendungen, die anzeigen, dass hier die moralische Verfassung der römischen Bürger in den Blick genommen wird.
3. Was berechtigt den Historiker, von einer „Seuche" zu sprechen, die über die Bürger Roms gekommen ist? Diskutieren Sie, inwiefern zwischen dieser „Seuche" und der Verschwörung Catilinas eine enge Beziehung herrscht.

Der Historiker Livius (59 v. Chr. bis 17 n. Chr.) gibt in seinem Geschichtswerk über Rom *Ab urbe condita* eine knappe Analyse zur inneren Entwicklung Roms:

„Es gab niemals eine Stadt, in die so spät Habgier und Üppigkeit eingedrungen sind, nie eine, wo Mäßigkeit und Sparsamkeit so lange so hoch im Ansehen standen. Man begehrte umso weniger, je weniger man besaß. Erst vor

---

miserabile, -e (~ *miser*): beklagenswert, erbärmlich – **occasus, -us** (→ *occidere*): Untergang – **ortus, -us** (→ *oriri*): Entstehen, Aufgang – **domare** (*domui, domitum*) (→ *domus*): bändigen, unterwerfen – Ⓚ *quae*: Neutrum Pl., bezogen auf *otium* und *divitiae* – **primum putare alqd:** etwas für den ersten Wert erachten – **adfluere:** zuströmen, im Überfluss auftreten – **obstinatus:** hartnäckig, stur

Ⓚ *duobus senatus decretis*: Abl. mit konzessiver Sinnrichtung („trotz ..."): bezieht sich auf die Beschlüsse des Senats, mit denen militärische Gegenmaßnahmen eingeleitet und hohe Belohnungen auf Anzeigen über die Verschwörung bzw. Straffreiheit für die Verschwörer ausgesetzt worden waren – **patefacere:** öffentlich machen, aufdecken, verraten – **tabes, -is:** Verwesung, Seuche

nicht langer Zeit hat Reichtum die Habsucht, die überreich strömenden Genüsse das Verlangen eingeführt, durch Üppigkeit und Ausschweifung zugrunde zu gehen und alles zugrunde zu richten."

(*Praef.* 11-12)

Worauf spielt Livius an? Welche Aussage Sallusts wird durch Livius bestätigt?

Das einfache Volk auf der Seite Catilinas

Neque solum illis aliena mens erat, qui conscii coniurationis fuerant, sed omnino cuncta plebes novarum rerum studio Catilinae incepta probabat. Id adeo more suo videbatur facere. Nam semper in civitate, quibus opes nullae sunt, bonis invident, malos extollunt, vetera odere, nova exoptant, odio suarum rerum mutari omnia student, turba atque seditionibus sine cura aluntur, quoniam egestas facile habetur sine damno.

(*Cat.*. 37,1-3)

1. Welche Ausdrücke und Wendungen im Text zeigen an, dass das einfache Volk die Revolution wollte? Welche Motive hatte es dafür?
2. Was stellte Catilina demnach für das Volk dar? Welches Ziel könnte man dem Mann also auch unterstellen?

Catilina – ein Mann für die „Minderbemittelten"?

In seinem Roman *Die Geschäfte des Herrn Julius Caesar* (1938/39) lässt Bertolt Brecht den Bankier und Hausbesitzer Crassus über Catilina sagen: „Catilina ist ein talentierter Mensch aus einer unserer ältesten Familien, also völlig bankrott. Von der City fünfmal saniert. Er unterschreibt jeden Wechsel, den sie ihm hinhalten, und würde als Regierungschef auch jede Verordnung unterschreiben, die man ihm hinhält. Er hat leider allerhand Beredsamkeit. Diejenigen meiner Mieter in den ärmeren Vierteln, die

Bert Brecht (1898-1956)

---

alienus h.: feindselig, verblendet – **adeo** h.: gerade, eben – Ⓚ Erg.: <*ii*>, *quibus* ... – **extollere:** emporheben, rühmen
seditio, -onis: Aufstand, Aufruhr – **damnum -i:** Schaden – **habere alqd** h.: etwas besitzen, mit etwas zurechtkommen

ihn haben reden hören, zahlen ihren Mietzins nicht mehr. Wir werden mit ihm zu tun bekommen." – Caesar sagt an späterer Stelle spöttisch, es sei „weniger die Beredsamkeit des Catilina, welche die Minderbemittelten zur Revolution zwingt, als die Beredsamkeit der feuchten Flecke in den Wohnbaracken des Crassus."

Inwiefern konnte Sallust (Aussage in t 7,2) für Brecht Anlass gewesen sein, Catilina in einem anderen Licht erscheinen zu lassen?

Rekonstruktion einer *insula* (großes Haus ohne Vorhof) in Ostia.
Mietshäuser in Rom, in denen die *plebs* wohnte, waren vielfach noch zwei Stockwerke höher.

Die Plebs – ihre Motive und Träume

Sed urbana plebes, ea vero praeceps erat de multis causis; primum omnium, qui ubique probro atque petulantia maxume praestabant, item alii per dedecora patrimoniis amissis, postremo omnes, quos flagitium aut facinus domo expulerat, ii Romam sicut in sentinam confluxerant.

Die Plebs in der Hauptstadt aber, die war ganz hingerissen und zwar aus vielen Gründen: zu allererst die, die sich überall durch Liederlichkeit und Frechheit besonders hervortaten, ebenso andere, die ihr väterliches Erbe schändlich vertan, schließlich alle, die ein Verbrechen oder eine Untat aus der Heimat fortgetrieben hatte, sie waren in Rom wie in einer Kloake zusammengeströmt.

Deinde multi memores Sullanae victoriae, quod ex gregariis militibus alios senatores videbant, alios ita divites, ut regio victu atque cultu aetatem agerent, sibi quisque, si in armis foret, ex victoria talia sperabat.

Sodann dachten viele an Sullas Siegeszug zurück, weil sie sahen, dass die einen aus gewöhnlichen Soldaten Senatoren geworden waren, die anderen so reich, dass sie ihr Leben im Stil und Prunk von Königen führen konnten. Und so erhoffte sich jeder für sich, wenn er die Waffen ergriffe, solches von einem Sieg.

Praeterea iuventus, quae in agris manuum mercede inopiam toleraverat, privatis atque publicis largitionibus excita urbanum otium ingrato labori praetulerat.

Ferner hatte die Jugend, die auf dem Lande mit dem Verdienst aus ihrer Hände Arbeit ein Leben in Not ertragen hatte, durch private und öffentliche Spenden gelockt, das Nichtstun in der Großstadt der undankbaren Arbeit vorgezogen.

Eos atque alios omnis malum publicum alebat.

Jenen und allen anderen gab der allgemeine Missstand den Lebensunterhalt.

Quo minus mirandum est homines egentis, malis moribus, maxuma spe, rei publicae iuxta ac sibi consuluisse.

Umso weniger verwunderte es, dass Habenichtse bei ihrem schlechten Charakter und ihrer überzogenen Erwartung an den Staat ebenso wenig dachten wie an sich selber.

Praeterea, quorum victoria Sullae parentes proscripti, bona erepta, ius libertatis inminutum erat, haud sane alio animo belli eventum exspectabant; ad hoc, quicumque aliarum atque senatus partium erant, conturbari rem publicam quam minus valere ipsi malebant.

Außerdem warteten die, denen durch Sullas Sieg die Eltern geächtet, das Vermögen entrissen und das Recht auf Freiheit gemindert worden war, gewiss in gleicher Gesinnung auf das Gelingen des Krieges. Dazu wollten all die, die einer anderen als der Senatspartei angehörten, lieber, dass der Staat erschüttert werde, als dass sie selbst weniger Einfluss hätten.

Id adeo malum multos post annos in civitatem revorterat.

Gerade dieses Übel war nach vielen Jahren in die Bürgerschaft zurückgekehrt.

(*Cat.* 37,4-11)

1. Welche Gruppen von Leuten zählt Sallust zum „niederen Volk in der Hauptstadt“?
2. Geben Sie aus dem lateinischen Text Begriffe und Wendungen für die Erwartungen an, die die *urbana plebes* in den Krieg unter Catilinas Führung setzte. Womit konnte also der Revolutionär rechnen?

Sulla

Die Gestalt Sulla (138-78 v. Chr.) war zur Zeit Catilinas noch allen in frischer Erinnerung. Er gehörte der Partei der Optimaten an; als deren tatkräftigster Vertreter kämpfte er einen erbitterten Kampf gegen den Vertreter der Popularen, den siebenmaligen Konsul Marius. In diesem Bürgerkrieg kam es zu furchtbaren

Kameenporträt in einem Goldring, das vermutlich Sulla darstellt und einem seiner Anhänger gehört haben dürfte. Rom, Musei Capitolini

Racheakten. Nach dem Sieg über seinen Gegner wurden dessen Anhänger vertrieben oder durch Proskription geächtet, also zur Tötung „freigegeben“. 4300 Bürger starben eines gewaltsamen Todes, ihr Vermögen wurde versteigert. Später zum Diktator auf Lebenszeit ernannt, übte Sulla in höchst autoritärer Weise seine Herrschaft aus. Das Volkstribunat wurde bedeutungslos gemacht.

Macht vor Moral

Nam postquam Cn. Pompeio et M. Crasso consulibus tribunicia potestas restituta est homines adulescentes summam potestatem nacti, quibus aetas animusque ferox erat, coepere senatum criminando plebem exagitare, dein largiundo atque pollicitando magis incendere, ita ipsi potentes fieri. Contra eos summa ope nitebatur pleraque nobilitas senatus specie pro sua magnitudine. Namque, uti paucis verum absolvam, post illa tempora quicumque rem publicam agitavere, honestis nominibus, alii, sicuti populi iura defenderent, pars, quo senatus auctoritas maxuma foret, bonum publicum simulantes, pro sua quisque potentia certabant. Neque illis modestia neque modus contentionis erat; utrique victoriam crudeliter exercebant.

(*Cat.* 38,1-4)

1. Was bedeutete die Wiederherstellung der tribunizischen Gewalt unter Pompeius und Crassus für den inneren Zustand Roms?
2. Stellen Sie im Text alle Begriffe und Wendungen für Macht und Einfluss fest. In welcher Tendenz sind sie verwendet?
3. Welche Wörter und Begriffe zeigen moralische Verhaltensweisen an? In welchem Verhältnis werden diese zu denen der Macht beurteilt? Kann die über den Text gesetzte Überschrift bestätigt werden? Begründen Sie Ihre Meinung.
4. Diskutieren Sie, was Sallust im Hinblick auf die Catilinarische Revolution damit aussagen möchte.

---

nancisci (*nactus sum*): erlangen, erreichen – **ferox, -cis** (→ *ferus*): wild, ungestüm, draufgängerisch – **criminari:** anklagen, verdächtigen, verleumden – **largiri:** reichlich beschenken – **pollicitari** (verb. intens. zu *polliceri*): große Versprechungen machen

niti (*nixus sum*) h.: sich dagegen einsetzen, wehren – Ⓚ Verb. *senatus specie* (Gegensatz dazu *pro sua magnitudine*) – Ⓚ Erg.: *paucis <verbis>* – **verum absolvere:** die Wahrheit sagen – **rem publicam agitare:** den Staat in einen unruhigen Zustand bringen – **sicuti** m. Konj.: so als ob – **quo** m. Konj.: damit dadurch – **simulare:** vortäuschen

contentio, -onis (→ *contendere*): Streit

„Die wenigen Mächtigen“

Sed postquam Cn. Pompeius ad bellum maritumum et Mithridaticum missus est, plebis opes inminutae, paucorum potentia crevit: ii magistratus, provincias aliaque omnia tenere; ipsi innoxii, florentes, sine metu aetatem agere ceterosque iudiciis terrere, quo plebem in magistratu placidius tractarent.

Aber nachdem Pompeius zur Kriegsführung mit den Seeräubern und mit Mithridates weggegeschickt worden war, wurde der Einfluss des Volkes gemindert, die Macht der Wenigen wuchs; diese hielten die Ämter, die Provinzen, alles andere in ihrer Hand; sie selbst waren unangefochten, glänzend gestellt, ohne Furcht lebten sie dahin, die Anderen schockten sie mit Prozessdrohungen, damit sie in ihrer Amtsführung das Volk umso ruhiger hielten.

(*Cat.* 39,1-2)

König Mithridates II. von Pontus in Kleinasien (um 132-66 v. Chr.) galt als Roms gefährlichster Feind nach Hannibal. Rom musste große Kriege gegen ihn führen. Er wollte – nach dem Vorbild Alexanders – ein Weltreich im Osten aufbauen und brachte deshalb das Imperium Romanum in höchste Bedrängnis, als er nach der Eroberung Kleinasiens 88 v. Chr. in Ephesus 80 000 dort ansässige Italiker und Römer in einer Nacht ermorden ließ (sog. „Ephesische Vesper“). Er hatte sogar den Plan, in einer Art Zangenbewegung Italien von Osten und Westen (Spanien) aus anzugreifen. Erst als Roms damals größter Feldherr Pompeius – auf Antrag Ciceros – zu seiner Abwehr entsandt worden war, konnte der König von Pontus endgültig besiegt und die Bedrohung aus dem Osten beseitigt werden.

Marmorbüste des Mithridates, 1. Jh. v. Chr. Paris, Louvre

1. Woran zeigt sich auch in t 7,5, dass es in dieser Auseinandersetzung der Parteien in Rom einzig um den Erhalt der jeweils eigenen Macht ging?
2. Vergleichen Sie die Bedrohung Roms durch Mithridates mit der durch Hannibal und die Karthager im 3./2. Jh. v. Chr. Welche Reaktion in der moralischen Einstellung konnte Sallust jetzt nicht mehr erkennen? Geben Sie Gründe dafür an.

Die Überführung der Verschwörer (nach *Cat.* 40-48)
Die Verschwörung war durch Verrat und Gerüchte aufgedeckt, die Notlage des Staates erkannt. Zu seinem Schutz war das *senatus consultum ultimum* ergangen; die Konsuln hatten freie Hand im Vorgehen gegen die Verschwörer. Doch damit sie verhaftet und vor Gericht gebracht werden konnten, bedurfte es handfester Beweise. Durch seine Flucht hatte Catilina indirekt ein Schuldgeständnis abgelegt, so dass gegen ihn Krieg geführt werden konnte. Doch wie stand es mit den in Rom verbliebenen Anführern der Verschwörung?

Die Mithilfe der Allobroger
Cicero kam hier ein Zufall zu Hilfe. In der Stadt verweilten Abgesandte des gallischen Stammes der Allobroger, die als „Bundesgenossen" (*socii*) in einer engen Verbindung zum Imperium Romanum standen. Von dessen Vertretern mussten die Allobroger als *amici populi Romani* – sie wohnten in der *provincia Gallia transalpina* – unterstützt werden. Dies war durch Vertrag geregelt. Aufgrund des wechselseitig gegebenen „Treuewortes" (*fides*) war es nötig, dass einerseits die Bundesgenossen Rom in Kriegen unterstützten, die Römer andererseits im Bedarfsfall den Bundesgenossen Verteidigung und Hilfe gewährten. Die Allobroger galten als ein sehr kriegerisches Volk, und Rom tat gut daran, sie in einer friedlichen Stimmung zu halten.

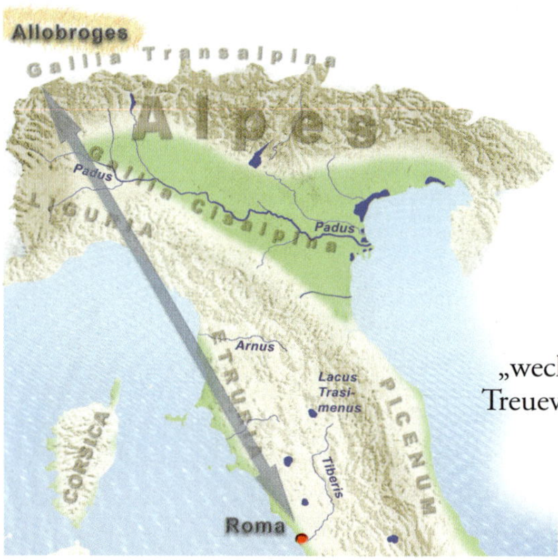

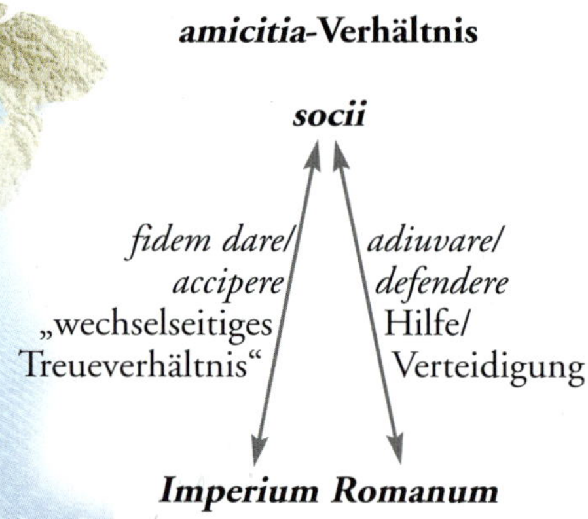

Die Gesandten der Allobroger waren gekommen, um sich beim Senat über das Unrechtsverhalten und die Raffgier römischer Beamter in der Provinz zu beschweren. Diese ihre Missstimmung wollten die Verschwörer ausnützen und die Allobroger, da ihre Motive ähnlich waren, für ihre Sache gewinnen. Die Verhandlung fand im Haus der Mitverschwörerin Sempronia statt. Den Galliern wurde über die Verschwörung und die daran Beteiligten berichtet; diese versprachen daraufhin ihre Mitwirkung.

Doch die Allobroger wurden unsicher, auf wessen Seite sie treten sollten. „Schließlich siegte der gute Stern unseres Staates“ (*tandem vicit fortuna rei publicae*), stellt Sallust fest. Über einen Mittelsmann wurde Cicero, der Konsul, über die Sache informiert. Cicero wies die Gesandten an, weiteres Interesse an der Verschwörung vorzutäuschen und konkretes Beweismaterial in die Hände zu bekommen.

Treffen der Allobroger mit den Catilinariern
Während Lentulus, der Hauptanführer der Revolte, zusammen mit den übrigen Rädelsführern letzte Vorbereitung zum Aufstand traf und Catilina auf dem Sprung war, Rom von außen anzugreifen, traten die Allobroger in Aktion:

Sed Allobroges ex praecepto Ciceronis per Gabinium ceteros conveniunt. Ab Lentulo, Cethego, Statilio, item Cassio postulant iusiurandum, quod signatum ad cives perferant: aliter haud facile eos ad tantum negotium impelli posse. Ceteri nihil suspicantes dant, Cassius semet eo brevi venturum pollicetur ac paulo ante legatos ex urbe proficiscitur: Lentulus cum iis T. Volturcium quendam mittit, ut Allobroges, priusquam domum pergerent, cum Catilina data atque accepta fide societatem confirmarent.

(*Cat.* 44,1-4)

1. Was bedeutete es, dass die Allobroger mit den wichtigsten Anführern des Putsches, Lentulus, Cethegus, Statilius, Cassius, direkt zusammenkamen? Was sollte ihre unmittelbare Begegnung mit Catilina außerhalb Roms bezwecken?
2. Was verlangten die Allobroger von den Verschwörern? Welche Absicht steckte dahinter?

Nach der Zusammenkunft der Allobroger mit den Catilinariern ließ Cicero die Gesandten auf der Milvischen Brücke verhaften, was sich diese, da sie die Absicht durchschauten, ohne weiteres gefallen ließen. So gelangte der Konsul in Besitz des konkreten Beweismaterials. Nun konnte Catilinas Anhängern in Rom der Prozess gemacht werden. Die Verschwörung war völlig aufgedeckt. Das Volk – nach schnellem Sinneswandel – verfluchte nun Catilina und hob Cicero in den Himmel.

---

signare: versiegeln – **cives** h. Mitbürger der Allobroger – **perferre:** überbringen – Ⓚ *aliter ... posse*: oratio obliqua – **semet** ~ verstärktes *se*
5 **eo:** dorthin (gemeint: ins Gebiet der Allobroger) – **societas, -atis** (→ *socius*): Gemeinschaft, Bündnis

Pons Milvius (Milvische Brücke) in Rom

„Gallier in Rom" – wieder ein *dies ater*?

Welche Rolle spielten die Allobroger bei der Verschwörung Catilinas? Ein moderner Roman lässt dies Cicero selbst berichten:

„Am späten Abend des 20. November ließen sich die Gesandten der Allobroger bei mir melden und unterbreiteten mir ein Angebot. Sie wollten als Spione der römischen Regierung arbeiten, wenn ich ihnen Kredite für ihr völlig zerrüttetes Gemeinwesen zusichern könnte. Sie offenbarten mir, dass ihnen Lentulus im Auftrag des Catilina jede gewünschte Unterstützung zugesagt hätte und mit ihnen bereits in Verhandlung stünde. Sofort ging ich auf den Vorschlag der Allobroger ein.

Die bärtigen Gallier mit ihren verschnürten Hosen und den Ärmeljacken machten den Eindruck schlauer Bauern, die bereit waren, um ihres Gemeinwesens willen jede Intrige mitzumachen. ...

Jetzt endlich sah es so aus, als ob ich die Beweisdokumente gegen die Rebellen in die Hände bekommen sollte. Ich ließ alles vorbereiten. Ein zuverlässiger Hauptmann der Stadtwache besetzte die Milvische Brücke, über welche die Gesandten mit der geheimen Briefschaft des Catilina für die heimatlichen Behörden die Stadt verlassen wollten. Kaum waren die Allobroger mit ihren Reisewagen und den Pferden durch das Tor gefahren und auf die Brücke gekommen, als die beiden Ausgänge gesperrt wurden und die Polizeisoldaten herbeieilten, die ganze Gesandtschaft zu verhaften. ... Bewaffnete Boten übergaben mir noch gegen die vierte Nachtstunde die Papiere."

(O. Zierer: *Cicero, Republikaner ohne Republik*, 1979)

a Inwiefern war die Anwesenheit von Galliern in Rom diesmal kein „Schwarzer Tag" für die Römer? (↗ i 11,3; S. 77 und Schaubild „Nacht über Rom", S. 91)?

8 Der Hinrichtungsprozess im Senat

Cicero war auf seine bisherigen Erfolge sehr stolz, stand aber vor der Entscheidung, was mit den angesehenen Verhafteten, darunter einem amtierenden Prätor, geschehen sollte: Eine Verurteilung könnte ihm möglicherweise in einer anderen politischen Konstellation zum Vorwurf gemacht werden (was im Jahre 58 dann tatsächlich eintrat und ihn ins Exil zwang), eine Freilassung aber gäbe den subversiven Kräften, die in Rom noch verzweifelte Versuche wagten, verhängnisvollen Auftrieb.
So entschloss er sich, das Problem dem Senat vorzulegen.

5.12.63: Senatsversammlung im Concordia-Tempel

Ablauf der Sitzung (es sprechen u.a.):
zur Tagesordnung (*relatio*):
  Cicero (*consul*): *quid de iis fieri placeat, qui in custodiam traditi erant*
(1.) Umfrage (*interrogatio/sententiam rogati*)
  Silanus (*consul designatus*): *supplicium sumendum* (Todesstrafe)
  Murena (*consul designatus*) und ~~weitere~~ 14 Konsulare: wie Silanus
  Caesar (*praetor designatus*): mildere Bestrafung
  weitere Senatoren: teils wie Silanus, teils wie Caesar
  Tiberius Nero fordert Vertagung der Entscheidung
Abbruch der Umfrage und Eingreifen des Konsuls:
  Cicero (4. Catilin. Rede): drängt auf Senatsbeschluss über Art der Bestrafung
(2.) Umfrage
  Silanus (*consul designatus*): für „lebenslänglich“
  ebenso weitere Befragte
  Cato (*tribunus plebis designatus*): sofortige Hinrichtung
Antrag zur Abstimmung über die *sententia* Catos durch den Konsul Cicero
Mehrheitsbeschluss (*senatus decretum fit, sicuti Cato censuerat*)

Juristische Situation

Das *senatus consultum ultimum* hatte dem Konsul gegenüber Catilina und seinen Anhängern außerordentliche Vollmachten (↗ t 5,5) erteilt, deren Einsatz aber Beweise voraussetzte.
Für Catilina trat dieser Fall ein, als er Rom verließ und sich in Etrurien (mit den Insignien eines Feldherrn) an die Spitze militärischer Truppen stellte. Er war deshalb zum Staatsfeind (*hostis*) erklärt worden.
Umstritten war dagegen die Behandlung der in Rom verbliebenen Anführer der Verschwörung: Beweismittel waren die den Allobrogern ausgehändigten Schreiben. Aus ihnen wurden die Planung und die Beteiligung von Lentulus und anderen ersichtlich, von den Betroffenen wurde die Echtheit der Dokumente eingestanden.

9 Die große Konfrontation: Caesar gegen Cato

Folgende Probleme stehen zur Diskussion:

1. Kann Planung in gleicher Weise wie Durchführung gewertet werden (↗ Cato in seinem Antrag)?
2. Kann der von Sallust erwähnte Entscheid, „sie hätten Hochverrat begangen“ (*contra rem publicam fecisse*), mit einer formalen *hostis*-Erklärung – wie sie gegen Catilina ergangen war – gleichgesetzt werden?
3. Trifft dies nicht zu, müsste ihnen ein Prozess gemacht werden, in dem sie entsprechend der *lex Sempronia* das Provokationsrecht an die Volksversammlung hätten.

Römischer Denar, um 110 v. Chr.
Nach einem Bürger, der mit der Toga bekleidet ist, streckt ein gepanzerter Krieger, den ein Lictor mit *fasces* begleitet, die Hand aus. Die Aufschrift PROVOCO bezieht sich auf das Provokationsrecht, das römische Bürger gegen behördliche und militärische Übergriffe schützen sollte.

Die Funktion der Reden

Um den Stellenwert zu ermessen, den Sallust der Rede Caesars (und ebenso Catos) gibt, sind folgende Vorüberlegungen nötig:

1. Sallust hält diese beiden Reden für so bedeutsam, dass er sie gewissermaßen in vollem Wortlaut (und im Vergleich zu sonstigen Details weit überproportional) wiedergibt.
2. Sie werden nicht unter dem Gesichtspunkt ‚richtig‘ bzw. ‚falsch‘ vorgelegt, sondern um einen entscheidenden Tatbestand (Strafmaßnahme) von zwei unterschiedlichen Seiten zu beleuchten.
3. Sallust greift auf die tatsächlich gehaltenen Reden (↗ i 10,1 und 11,1; S. 61 und 70) zurück, formt sie aber frei aus, reichert sie mit eigenen Gedanken an, die sein Urteil über die Redner nach 20 Jahren (beide Redner hatten inzwischen einen gewaltsamen Tod gefunden!) prägen.

Der Schauplatz der Ereignisse: das Forum Romanum in spätrepublikanischer Zeit

10 Die Caesar-Rede

Antike Kurzfassungen der Caesar-Rede

Cicero (*In Catilinam* 4,7): Caesar lehnt die Todesstrafe ab, heißt aber sonst die allerschwersten Strafen gut ... Er geht davon aus, dass die unsterblichen Götter den Tod nicht als Strafe eingerichtet haben, sondern dass dieser ein unabänderliches Naturgesetz oder ein Ausruhen von Mühen und Elend ist.

Sueton (*Caesar* 14): Indem er immer wieder betonte, welchen Hass die Befürworter der schärferen Strafe später vonseiten des römischen Volkes zu gewärtigen hätten, jagte er den Senatoren gewaltige Angst ein.

Plutarch (*Caesar* 7): Er hielt eine sorgfältig ausgearbeitete Rede, worin er erklärte, so vornehme und angesehene Männer ohne weitere Untersuchung hinzurichten, sei weder Sitte in Rom noch der Gerechtigkeit gemäß.

Notieren Sie die Gesichtspunkte, die sich aus den antiken Kurzfassungen ergeben.

Caesar. Rom, Musei Vaticani

Geist gegen Gefühl

„Omnis homines, patres conscripti, qui de rebus dubiis consultant, ab odio, amicitia, ira atque misericordia vacuos esse decet. Haud facile animus verum providet, ubi illa officiunt, neque quisquam omnium lubidini simul et usui paruit. Ubi intenderis ingenium, valet; si lubido possidet, ea dominatur, animus nihil valet. Magna mihi copia est memorandi, patres conscripti, quae reges atque populi ira aut misericordia inpulsi male consuluerint. Sed ea malo dicere, quae maiores nostri contra lubidinem animi sui recte atque ordine fecere.“

(*Cat.* 51,1-4)

---

vacuus alqa re: frei von etwas – **officere:** im Wege stehen – **paruit:** gnomisches Perfekt (allgemeine Erfahrung; übersetze mit Präsens) – Ⓚ *intenderis*: Potentialis („man ...“) – **ingenium intendere:** den Geist anstrengen

5 Ⓚ Erg.: *<ingenium> possidet* – **dominari:** herrschen – **ordine:** ordnungsgemäß

1. Welche Begriffe weisen auf den Bereich des Geistes, welche auf den der Emotionen? Wo war Ihnen dieser Dualismus in ähnlicher Weise bereits begegnet? In welcher Funktion war er dort eingesetzt?
2. Wozu wird dieser Dualismus von Caesar hier instrumentalisiert?
3. Welche Wertung erfahren die einleitenden Sätze durch die Inschrift am Baseler Rathaus (↗ Abbildung)?

Der Anfang der Caesar-Rede über dem Eingangsportal zum Baseler Rathaus

Die Geschichte liefert Beispiele

„Bello Macedonico, quod cum rege Perse gessimus, Rhodiorum civitas magna atque magnifica, quae populi Romani opibus creverat, infida et advorsa nobis fuit. Sed postquam bello confecto de Rhodiis consultum est, maiores nostri, ne quis divitiarum magis quam iniuriae causa bellum inceptum diceret, inpunitos eos dimisere.

„Im Makedonischen Krieg, den wir gegen König Perseus führten, hat sich die große, bedeutende Stadt Rhodos, die durch die Hilfe des römischen Volkes hochgekommen war, uns gegenüber treulos und feindselig verhalten. Als jedoch nach Beendigung des Krieges über die Rhodier beraten wurde, ließen unsere Vorfahren sie straflos davonkommen, damit ja niemand sagen könne, der Krieg sei mehr wegen ihres Reichtums als wegen einer Rechtsverletzung begonnen worden.

Item bellis Punicis omnibus, quom saepe Carthaginienses et in pace et per indutias multa nefaria facinora fecissent, numquam ipsi per occasionem talia fecere: magis quid se **dignum** foret, quam quid in illos iure fieri posset, quaerebant.

Ebenso war es in allen Punischen Kriegen: Obwohl die Karthager im Frieden und bei Waffenruhe oft zahlreiche Gräueltaten verübt hatten, haben unsere Vorfahren trotz vorhandener Gelegenheiten doch niemals solche Dinge getan; sie fragten mehr danach, was ihrer würdig sei, als was gegen jene vom Rechtsstandpunkt aus unternommen werden könne.

Hoc item vobis providendum est, patres conscripti, ne plus apud vos valeat P. Lentuli et ceterorum scelus quam vostra **dignitas**, neu magis irae vostrae quam famae consulatis.

Ebenso, Senatoren, müsst auch ihr darauf sehen, dass das Verbrechen des Publius Lentulus und der übrigen bei euch nicht mehr Gewicht bekommt als eure Würde und dass ihr eurem Zorn nicht stärker Rechnung tragt als eurem Ruf.

Nam si **digna** poena pro factis eorum reperitur, novom consilium adprobo; sin magnitudo sceleris omnium ingenia exsuperat, his utendum censeo, quae legibus comparata sunt."

Wenn sich denn für ihre Taten eine wirklich angemessene Strafe finden lässt, so stimme ich einer außergewöhnlichen Maßnahme zu; wenn aber die Schwere ihres Verbrechens die Vorstellungen aller übersteigt, so beantrage ich, die Strafmittel anzuwenden, die in den Gesetzen vorgesehen ist."

(*Cat.* 51,5-8)

1. Was will Caesar mit den Beispielen der Vorfahren zeigen? Nennen Sie die dafür einschlägigen Wörter und Begriffe.
2. Welche Rolle spielen dabei die Begriffe *dignus, dignitas* (↗ auch i 10,2)?
3. Welche Folgerung zieht Caesar aus der Vergangenheit für den aktuellen Fall? Inwiefern ignoriert er dabei die bereits auf Gesetzesgrundlage getroffene Entscheidung des Senats?

dignitas

„Zum Zentralbegriff gegen Ende der Republik wird *dignitas, dignitas* als Anspruch an die Gemeinschaft auf Anerkennung und zugleich Verpflichtung gegenüber der Gemeinschaft ... Doch es gibt auch eine kollektivische *dignitas*, die *dignitas populi Romani, rei publicae, civitatis* usw. ..."

(Gabriele Thome, 2000)

Widerspruch gegen die Vorredner

„Die meisten von denen, die vor mir ihre Meinung aussprachen, haben mit wohlgesetzten, prächtigen Worten über das Unglück des Staates gejammert; sie haben aufgezählt, wie schlimm ein Krieg wüte, was den Besiegten zustoße: Da würden Mädchen und Knaben verschleppt, Kinder aus den Armen ihrer Eltern gerissen, Mütter von Familien müssten sich alle Gelüste der Sieger gefallen lassen, Heiligtümer und Häuser würden geplündert, es geschehe Mord und Brand, kurz, alles sei erfüllt von Waffen, Leichen, Blut und Jammer. Doch worauf, bei den ewigen Göttern, war ihr Reden denn abgestellt? Sollte es euch etwa zu Feinden der Verschwörung machen? Klar, wen ein so schwerwiegender und so entsetzlicher Tatbestand nicht erschüttern konnte, den wird eine Rede entflammen! Nein, so ist es nicht: Kein Mensch sieht ein Unrecht gegen die eigene Person als gering an, viele nehmen es schwerer als recht und billig."

(*Cat.* 51,9-11)

1. Gegen welche Stimmungslage muss Caesar in erster Linie ankämpfen?
2. Welche Taktik wendet er dagegen an?

Männer im Rampenlicht der Politik

„Sed alia aliis licentia est, patres conscripti. Qui demissi in obscuro vitam habent, si quid iracundia deliquere, pauci sciunt, fama atque fortuna eorum pares sunt; qui magno imperio praediti in excelso aetatem agunt, eorum facta cuncti mortales novere. Ita in maxuma fortuna minuma licentia est; neque studere neque odisse, sed minume irasci decet; quae apud alios iracundia dicitur, ea in imperio superbia atque crudelitas appellatur. Equidem ego sic existumo, patres conscripti, omnis cruciatus minores quam facinora illorum esse. Sed plerique mortales postrema meminere et in hominibus inpiis sceleris eorum obliti de poena disserunt, si ea paulo severior fuit."

(*Cat.* 51,12-15)

1. Inwiefern befindet sich ein Politiker in einer Position, die ihm eine andere Lebenseinstellung und Verpflichtung abverlangt als den „einfachen" Menschen?
2. Welche Konsequenzen sollte dies nach Meinung des Redners für die Urteilsfindung in einem Prozess auf Leben und Tod haben?
3. Inwiefern wird hier in Caesars Worten auch eine Drohgebärde spürbar? (↗ i 10,1 „Antike Kurzfassungen der Caesar-Rede", S. 61)

Zur Rede des Silanus

„Decimus Silanus, der mutige, entschlossene Mann, hat, wie ich genau weiß, das, was er sagte, nur aus Eifer für den Staat gesagt; er lässt in einer so

alia (licentia) aliis est: jeder hat eine andere Freiheit – **demissus:** ‚hinabgeschickt', in bescheidenen Verhältnissen – **vitam habere** ~ *vivere* – **iracundia** ~ *ira* – **delinquere:** einen Fehler begehen – **praeditus alqua re:** mit etwas ausgestattet – **excelsus:** in hervorragender Position – **aetatem agere** ~ *vivere*

5 **studere** h.: begünstigen – **crudelitas, -atis** (→ *crudelis*) Grausamkeit – **postrema:** das Letzte; das, was zuletzt geschehen ist

10 **oblivisci** (*oblitus sum*) **alcs rei:** etwas vergessen – **severus:** streng

wichtigen Sache auch nicht Gunst oder Feindschaft walten; in dieser Beziehung kenne ich seine charaktervolle und besonnene Haltung. Freilich, sein Antrag scheint mir nicht etwa grausam – was könnte denn solchen Menschen Grausames angetan werden? –, wohl aber mit unserer Staatsverfassung nicht vereinbar.
Denn gewiss hat nur deine Befürchtung oder ihr Unrecht dich, Silanus, den nächstjährigen Konsul, veranlasst, für eine neue Strafe zu stimmen. Bezüglich der Furcht etwas zu sagen, ist überflüssig, da ja dank der Umsicht eines hochberühmten Mannes, unseres Konsuls, so viele Sicherungstruppen unter Waffen stehen."

(*Cat.* 51,16-19)

Caesar gibt vor, bei Silanus, dem designierten Konsul, zwischen Mensch und Antrag zu unterscheiden. Wie charakterisiert er den bis jetzt einzigen, allgemein akzeptierten Antrag (*supplicium*)?

Ist die Todesstrafe angemessen?

„De poena possum equidem dicere, id quod res habet, in luctu atque miseriis mortem aerumnarum requiem, non cruciatum esse; eam cuncta mortalium mala dissolvere; ultra neque curae neque gaudio locum esse.
Sed, per deos inmortalis, quam ob rem in sententiam non addidisti, uti prius verberibus in eos animadvorteretur? An quia lex Porcia vetat? At aliae leges item condemnatis civibus non animam eripi, sed exilium permitti iubent.

Oder deshalb, weil Auspeitschung schlimmer ist als Hinrichtung? Doch was kann überhaupt hart oder zu schwer sein gegenüber Menschen, die einer solchen Untat überführt sind?
Wenn aber deshalb, weil Auspeitschung zu mild ist, wie passt es dann zusammen, in einer untergeordneten Frage das Gesetz zu befolgen, während man es in einer übergeordneten missachtet?"

(*Cat.* 51,20-24)

---

id quod res habet: so wie es sich tatsächlich verhält – **aerumna:** Trübsal, Leid – **requies, requietis** (Akk. auch *requiem*): Ruhe, Ausruhen – **dissolvere:** auflösen, beenden – **ultra** (Adv.): darüber hinaus
per deos (eig. Schwurformel!) – **lex Porcia:** Das von Cato dem Älteren(!) eingebrachte Gesetz ermöglichte römischen Bürgern bei drohender Auspeitschung die Berufung an die Volksversammlung. – **aliae leges:** Hier könnte auf die *lex Sempronia* angespielt sein (↗ ‚Probleme', S. 60) – **an:** etwa – **condemnare** ~ *damnare*

a

1. Wie steht Caesar zur Todesstrafe (↗ auch Schlusssatz von t 6,3)? Welche Auffassung vom Tod wird hinter seinen Worten erkennbar (↗ i 10,3 „Epikur")?
2. Wie argumentiert Caesar mit den Alternativen zur Todesstrafe? Was will er damit erreichen?

i 10,3

Epikur (341-270)

Der Glückszustand des Menschen beruht nach Epikur auf der Abwesenheit von Schmerz und Furcht. Auch die Angst vor dem Tod sei unbegründet, da er nur eine Auflösung des Leibes und der Seele in Atome darstelle und damit ein Fortleben ausschließe. „Der Tod ist nichts, was uns betrifft. Denn das Aufgelöste ist empfindungslos. Das Empfindungslose aber ist nichts, was uns betrifft."

(Aus den überlieferten „Herrenworten", *Sententiae Vaticanae*, 2)

Epikur. Paris, Louvre

t 10,6

Gegen einen Präzedenzfall

„At enim quis reprehendet, quod in parricidas rei publicae decretum erit? Tempus dies fortuna, quoius lubido gentibus moderatur. Illis merito adcidet quicquid evenerit; ceterum vos, patres conscripti, quid in alios statuatis, considerate. Omnia mala exempla ex rebus bonis orta sunt. Sed ubi imperium ad ignaros eius aut minus bonos pervenit, novom illud exemplum ab dignis et idoneis ad indignos et non idoneos transfertur."

(*Cat.* 51,25-27)

1. Beispiel: Die „30 Tyrannen" in Athen (404/03 v. Chr.)

„Die Lakedaimonier haben nach ihrem Sieg <im Peloponnesischen Krieg> über die Athener dreißig Männer eingesetzt, die deren Staat verwalten sollten. Diese fingen zuerst damit an, die Schlechtesten und allgemein Verhassten ohne Urteilsspruch hinrichten zu lassen; darüber freute sich das Volk und sagte, es geschehe zu Recht. Später aber, als ihre Willkür allmählich zu-

---

Ⓚ *tempus dies fortuna*: asyndetische Reihung (Trikolon) – **merito** (Adv.): verdientermaßen – **ceterum** h.: aber

eius ~ *imperii* – **dignus/indignus:** ergänze jeweils *poena* – **idoneus** h.: für den <die Strafe> nicht angebracht ist – **transferre:** übertragen

nahm, brachten sie nach Belieben Gute und Schlechte gleichermaßen um, die übrigen schüchterten sie durch Terror ein. So musste das geknechtete, unterdrückte Volk für seine törichte Freude schwer büßen."

(*Cat.* 51,28-31)

2. Beispiel: Sulla im Bürgerkrieg (82 v. Chr.)

„Nostra memoria victor Sulla quom Damasippum et alios eius modi, qui malo rei publicae creverant, iugulari iussit, quis non factum eius laudabat? Homines scelestos et factiosos, qui seditionibus rem publicam exagitaverant, merito necatos aiebant. Sed ea res magnae initium cladis fuit.

„Als in unserer Zeit der siegreiche Sulla den Damasippus und andere seines Schlages, die im Unglück des Staates nach oben gekommen waren, hinschlachten ließ, wer lobte da nicht sein Vorgehen? Verbrecher und Fanatiker, die den Staat durch Spaltungen aufgewühlt hatten, sagte man, seien zu Recht getötet worden. Doch war das nur der Anfang einer großen Metzelei.

Nam uti quisque domum aut villam, postremo vas aut vestimentum aliquoius concupiverat, dabat operam, uti is in proscriptorum numero esset.

Denn sobald einer das Haus oder Landgut, schließlich nur Gerät oder Kleidung eines anderen begehrte, trug er Sorge, dass dieser auf die Liste der Geächteten kam.

Ita illi, quibus Damasippi mors laetitiae fuerat, paulo post ipsi trahebantur, neque prius finis iugulandi fuit, quam Sulla omnis suos divitiis explevit."

So wurden die Leute, die sich über den Tod des Damasippus gefreut hatten, bald darauf selbst zur Hinrichtung geschleppt, und das Morden nahm erst ein Ende, als Sulla alle seine Anhänger mit Reichtümern eingedeckt hatte."

(*Cat.* 51,32-34)

3. Beispiel: Cicero und seine Zeit

Atque haec ego non in M. Tullio neque his temporibus vereor, sed in magna civitate multa et varia ingenia sunt. Potest alio tempore, alio consule, quoi item exercitus in manu sit, falsum aliquid pro vero credi. Ubi hoc exemplo per senatus decretum consul gladium eduxerit, quis illi finem statuet aut quis moderabitur?

(*Cat.* 51,35-36)

1. An welchem Zeitbezug sollte ein Politiker seine Entscheidungen orientieren? Wie wird Caesars Haltung dadurch von Sallust charakterisiert? In T 1 ist das dafür zutreffende Verbum verwendet.

---

30 **decretum, -i:** Beschluss – **gladium educere:** das Schwert ziehen

2. Inwiefern kann die einmal in diesem Fall getroffene Entscheidung als Präzedenzfall angesehen werden? Welche Gefahr besteht für Nachfolgetäter?
3. Wozu dienen Caesar die historischen Beispiele? Was will er damit im Hinblick auf Cicero verdeutlichen?

Das Verhalten der Vorfahren

„Unseren Vorfahren, Senatoren, hat es nie an Einsicht und Mut gefehlt, auch hat Stolz sie nicht daran gehindert, fremde Einrichtungen nachzuahmen, sofern sie nur bewährt waren. Kriegsgerät und Waffen haben sie von den Samniten, die Abzeichen der Beamten zumeist von den Etruskern übernommen; kurz, was ihnen überall bei den Bündnern oder Feinden brauchbar erschien, das führten sie mit allem Eifer auch in ihrer Heimat ein: sie wollten Nützliches lieber nachahmen als darauf neidisch sein.

Sed eodem illo tempore Graeciae morem imitati verberibus animadvortebant in civis, de condemnatis summum supplicium sumebant. Postquam res publica adolevit et multitudine civium factiones valuere, circumveniri innocentes, alia huiusce modi fieri coepere, tum lex Porcia aliaeque leges paratae sunt, quibus legibus exilium damnatis permissum est. Hanc ego causam, patres conscripti, quo minus novom consilium capiamus, in primis magnam puto. Profecto virtus atque sapientia maior illis fuit, qui ex parvis opibus tantum imperium fecere, quam in nobis, qui ea bene parta vix retinemus."

(Cat. 51,37-42)

Römer mit Ahnenbildern. Rom, Konservatorenpalast

1. Wie haben sich die Vorfahren bei der Übernahme fremder Einrichtungen in Kriegswesen und Politik verhalten?
2. Welche Entwicklung hat sich jedoch bei der Übernahme von Strafmaßnahmen ergeben?
3. Welchen Schluss zieht Caesar daraus im Hinblick auf das *novum consilium*?

---

10 **condemnare** ~ *damnare* – **sumere** h.: vollziehen – **adolescere** (*adolevi*): heranwachsen, erstarken – **circumvenire** h.: bedrohen – **huiusce: -ce** verstärkt *huius* – Ⓚ *aliae leges, quibus (legibus)*

15 **quo minus:** dass nicht

Caesars Antrag

„Placet igitur eos dimitti et augeri exercitum Catilinae? Minume. Sed ita censeo: publicandas eorum pecunias, ipsos in vinculis habendos per municipia, quae maxume opibus valent; neu quis de iis postea ad senatum referat neve cum populo agat; qui aliter fecerit, senatum existumare eum contra rem publicam et salutem omnium facturum."
Postquam Caesar dicundi finem fecit, ceteri verbo alius alii varie adsentiebantur.

(*Cat.* 51,43-52,1)

Erörtern Sie den Härtegrad des von Caesar gestellten Strafantrags (z.B. im Vergleich zu dem in t 10,7 genannten Exil).

Zur Caesar-Rede insgesamt:

1. Wie ist die Stimmung im Senat, als Caesar an der Reihe ist?
2. Welche Zielsetzung verfolgt Caesar mit seiner Rede?
3. Sammeln Sie die Aussagen, die Caesar über die inhaftierten Catilinarier macht. Was bezweckt er damit?
4. Welche Taktik schlägt er ein? Wie sind seine philosophischen Argumente zu beurteilen? In welcher Weise instrumentalisiert er das Vorbild der *maiores*?
5. Wie ist die Wirkung seiner Rede zu erklären (↗ Schlusssatz)? Berücksichtigen Sie die Aussage des Sueton-Textes (↗ i 10,1 „Antike Kurzfassungen", S. 61).
6. Aus welchen Gründen lehnt Caesar letztlich die Todesstrafe ab? Vergleichen Sie sein Urteil mit einer Äußerung aus heutiger Zeit (↗ z 10,1).

Wider die Todesstrafe

„Ich betrachte die Todesstrafe als eine barbarische und unmoralische Einrichtung, die die Moral und die gesetzlichen Fundamente einer Gesellschaft aushöhlt. Ferner weise ich die Ansicht zurück, dass die Todesstrafe irgendeine gewichtige Abschreckungswirkung auf mögliche Verbrecher hat. Ich bin überzeugt, dass genau das Gegenteil wahr ist: Grausamkeit gebiert nur wieder Grausamkeit."

(Andrej Sacharow, 1921-1989, russischer Physiker und Friedensnobelpreisträger)

---

dimittere: wegschicken, freilassen – **minume:** keineswegs – **publicare:** beschlagnahmen, konfiszieren – **per municipia:** verteilt auf Landstädte – **referre:** einen Antrag stellen – **cum populo agere:** in der Volksversammlung einen Antrag stellen Ⓚ *existumare*: abh. von *censeo* – **salus, -utis** h.: Wohlergehen – **verbo** h.: mit einer kurzen Stellungnahme – **adsentiri:** zustimmen

11 Die Cato-Rede

Marcus Porcius Cato aber, um seine Meinung gefragt, hielt etwa folgende Rede (*Cat.* 52,1):

i 11₁

Antike Kurzfassungen der Cato-Rede

Plutarch (*Cato minor*, 23):
Cato hielt eine Rede voll Zorn und Leidenschaft. Zunächst warf er dem Silanus seine wankelmütige Haltung vor, dann aber griff er Caesar selbst an, dass er durch sein scheinbar demokratisches Verhalten und sein humanitäres Gerede die Revolution unterstütze und dem Senat Furcht vor etwas einjage, vor dem er selbst Angst haben müsse; er müsse froh sein, wenn er nach all den Vorkommnissen selbst unverdächtig und unbestraft davonkomme, da er ganz offen und ohne Hemmnisse versuche, die Feinde des Staates der Bestrafung zu entziehen.

Velleius Paterculus (*Röm. Geschichte* II 35,3 f.):
Er äußerte sich aber so leidenschaftlich und beredt gegen die Verschwörung und sprach mit solch feuriger Entrüstung, dass er alle, die zu milderen Maßnahmen geraten hatten, nun als Mitverdächtige erscheinen ließ. Dazu malte er die drohenden Gefahren, wie Mord und Brand in der Stadt und den Umsturz des Staates, so lebhaft aus und hob dabei die Verdienste des Konsuls in den Himmel.

Porträtbüste Catos aus Volubilis/Marokko

a

Notieren Sie die wichtigsten Gesichtspunkte, die sich aus den antiken Kurzfassungen (↗ i 10,1 und 11,1) ergeben.

i 11₂

Cato
Marcus Porcius Cato, geb. 95 v. Chr., war ein Urenkel des M. Porcius Cato Censorinus (auch: d. Ältere). Sein Leben und sein politisches Handeln waren geprägt von der Philosophie der Stoa und der römischen Tradition. Erbittert, aber aussichtslos bekämpfte er in der Endphase der römischen Republik Caesar (dessen Auslieferung an die Germanen er 55 v. Chr. forderte), so dass

der römische Dichter Lucan formulierte: *Victrix causa deis placuit, sed victa Catoni.* („Der Sieger hatte die Götter auf seiner Seite, doch der Verlierer einen Cato.“). Um Caesar nicht lebend in die Hände zu fallen, beging er 46 im nordafrikanischen Utica Selbstmord. Davon rührt für Cato, die Symbolfigur der (römischen) Republik, d.h. der politischen Freiheit, der Beiname Uticensis.

Vorsicht ist geboten

„Longe alia mihi mens est, patres conscripti, quom res atque pericula nostra considero, et quom sententias nonnullorum ipse mecum reputo. Illi mihi disseruisse videntur de poena eorum, qui patriae, parentibus, aris atque focis suis bellum paravere; res autem monet cavere ab illis magis quam quid in illos statuamus consultare. Nam cetera maleficia tum persequare, ubi facta sunt; hoc nisi provideris, ne adcidat, ubi evenit, frustra iudicia inplores: capta urbe nihil fit reliqui victis. Sed, per deos inmortalis, vos ego appello, qui semper domos, villas, signa, tabulas vostras pluris quam rem publicam fecistis: si ista, quoiuscumque modi sunt, quae amplexamini, retinere, si voluptatibus vostris otium praebere voltis, expergiscimini aliquando et capessite rem publicam! Non agitur de vectigalibus neque de sociorum iniuriis: libertas et anima nostra in dubio est.“

(*Cat.* 52,2-6)

1. Auf welche Weise versucht Cato – anders als Caesar – von Anfang an die Hörer für seine Haltung zu gewinnen? Nennen Sie aus dem Text dafür einschlägige Begriffe und Wendungen.
2. Caesar und Cato verwenden als Leitbegriff *providere*. Worauf aber ist das durch dieses Verbum bezeichnete Handeln jeweils gerichtet?
3. An welche Wertvorstellungen aufseiten der Senatoren appelliert der Redner? Wie passt dieser Appell zu Catos von der stoischen Philosophie geprägtem Denken? Versuchen Sie, dafür eine Erklärung zu geben.
4. Welche Rolle spielt der Wert *libertas* bereits hier in Catos Argumentation?

---

reputare: überdenken – **focus:** Herd – **maleficium, -i:** Übeltat, Verbrechen Ⓚ *persequare* (~ *persequaris*): Potentialis („man …“) – Ⓚ *provideris / implores*: Potentialis („man …“) – Ⓚ *hoc … inplores* Ordne: *nisi provideris, ne hoc adcidat, frustra iudicia inplores, ubi evenit* – **nihil fit reliqui:** es bleibt nichts übrig – **per deos immortales:** starke Beteuerungsformel – **pluris facere:** höher schätzen – Ⓚ *quoiuscumque modi*: Gen. qual. **amplexari:** umarmen, sich an etw. klammern – **expergisci:** aufwachen – **capessere** (→ *capere*) ergreifen, in die Hand nehmen – **agitur de alqa re:** es geht um eine Sache – **vectigal, -alis:** Steuer – Ⓚ *sociorum*: Gen. Obj. (Provinzausbeutung!) – **in dubio esse:** auf dem Spiel stehen

Ein eindringlicher Appell

„Saepenumero, patres conscripti, multa verba in hoc ordine feci, saepe de luxuria atque avaritia nostrorum civium questus sum, multosque mortalis ea causa advorsos habeo. Qui mihi atque animo meo nullius umquam delicti gratiam fecissem, haud facile alterius lubidini male facta condonabam.

„Oftmals schon, Senatoren, habe ich in dieser Versammlung so manches Wort gesprochen, oft habe ich geklagt über die Genusssucht und Raffgier unserer Mitbürger, und viele Menschen habe ich deswegen zu Gegnern. Ich, der ich mir und meinem Verlangen niemals eine Verfehlung nachgesehen hätte, konnte auch der Leidenschaft eines anderen schlechte Handlungen nicht leicht vergeben.

Sed ea tametsi vos parvi pendebatis, tamen res publica firma erat, opulentia neglegentiam tolerabat.

Obschon ihr darauf nur wenig Gewicht legtet, hatte der Staat doch festen Bestand, seine Machtfülle konnte eure Gleichgültigkeit ertragen.

Nunc vero non id agitur, bonisne an malis moribus vivamus, neque quantum aut quam magnificum imperium populi Romani sit, sed haec, quoiuscumque modi videntur, nostra an nobiscum una hostium futura sint."

Jetzt aber geht es nicht darum, ob wir sittlich gut oder schlecht leben, auch nicht um Größe oder Glanz der Herrschaft des römischen Volkes, sondern darum, ob diese Dinge, wie immer man sie auch ansehen mag, uns selbst oder mit uns zusammen den Feinden gehören werden."

(*Cat.* 52,7-10)

1. Wie bewertet Cato selbst sein Verhältnis zum Senat? Welche Auswirkung hatte dies bisher für das Staatswohl?
2. Inwiefern aber hat sich für ihn im Fall der Catilinarischen Verschwörung die Situation völlig geändert?

Das Cato-Bild in der italienischen Renaissance: Cato als Vertreter der *iustitia*

Taddeo di Bartolo: Cicero, Cato Uticensis und Scipio Nasica als Helden der Gerechtigkeit (1414). Fresko, Siena, Pal. Pubblico, Anticapella (↗ Inschriften in Siena, S. 83f.)

Begriffsverwirrungen

„Hic mihi quisquam mansuetudinem et misericordiam nominat. Iam pridem equidem nos vera vocabula rerum amisimus: quia bona aliena largiri liberalitas, malarum rerum audacia fortitudo vocatur, eo res publica in extremo sita est. Sint sane, quoniam ita se mores habent, liberales ex sociorum fortunis, sint misericordes in furibus aerari: ne illi sanguinem nostrum largiantur et, dum paucis sceleratis parcunt, bonos omnis perditum eant.“

(*Cat.* 52,11-12)

1. Welches taktische Ziel verfolgt Cato mit dem Hinweis auf die allgemeine Begriffsverwirrung? Welche Wertbegriffe sind nach seinem Verständnis verzerrt?
2. Welche Personengruppe ist mit *illi* (Z. 6) gemeint? Welche Gefahr sieht er von diesen ausgehen?
3. Welche Übereinstimmung zwischen Sallust und Thukydides (↗ z 11,1) erkennen Sie?

Nach einem Original von L. Schwanthaler: Thukydides (1843). Statue vor der Münchener Staatsbibliothek, Ludwigstraße

Begriffsverkehrung bei Thukydides

Der griechische Historiker Thukydides (455-396) analysiert in seinem Werk *Geschichte des Peloponnesischen Krieges* bei der Schilderung der Folgen dieses Krieges (431-404) die Perversion der natürlichen Verhältnisse.

Dabei spricht er (*sc.* Thukydides) nicht nur davon, wie sich die naturgegebenen Bindungen lösten, wie die Verwandten, die Freunde einander in heimtückischer Weise zu Fall bringen suchten, sondern in diesem Überblick geht er auch auf das Schicksal der einzelnen Begriffe ein: „Auch die vertraute Bedeutung, die Einschätzung der Worte vertauschten sie bei der Anwendung und Beurteilung der Dinge“ (3,82,4). Darauf folgt eine Reihe von Bei-

---

nominare h.: sprechen von – **pridem:** längst – **vocabulum, - i:** Wort, Bedeutung – **liberalitas, -atis:** Großzügigkeit – **in extremo situm esse:** auf der Kippe stehen – **sane** (mit Konj.): nur, nur immerhin

5 **liberalis, -e (ex alqa re):** großzügig (mit etw.) – **fortunae, -arum:** Glücksgaben, Besitz – **misericors, -cordis:** mild – **aerarium, -i:** Staatskasse – **ne** ~ *dummodo ne* („wenn nur nicht“)

spielen ...: „Unverantwortliche Kühnheit wurde als von Freundesliebe bestimmte Tapferkeit angesehen, bedachtsames Zaudern dagegen als eine das *Decorum* wahrende Feigheit, Mäßigung als Vorwand für unmännliches Gebaren. Wer überall wohlbedacht sein wollte, galt überall als träge; verzücktes Draufgängertum dagegen wurde auf mannhafte Anlage zurückgeführt.“

(Carl Becker, 1967)

Gegen Caesars Antrag

„Bene et conposite C. Caesar paulo ante in hoc ordine de vita et morte disseruit, credo falsa existumans ea, quae de inferis memorantur: divorso itinere malos a bonis loca taetra, inculta, foeda atque formidulosa habere.

Itaque censuit pecunias eorum publicandas, ipsos per municipia in custodiis habendos, videlicet timens, ne, si Romae sint, aut a popularibus coniurationis aut a multitudine conducta per vim eripiantur; quasi vero mali atque scelesti tantummodo in urbe et non per totam Italiam sint aut non ibi plus possit audacia, ubi ad defendendum opes minores sunt.

Deshalb ist dieser sein Vorschlag gewiss zwecklos, wenn er Gefahr von ihnen befürchtet; wenn er aber bei der großen allgemeinen Furcht als einziger unbesorgt ist, dann ist es um so wichtiger, dass ich für mich und für euch besorgt bin. Deshalb sollt ihr euch im Klaren sein, dass ihr mit eurem Beschluss über Publius Lentulus und die anderen zugleich auch über Catilinas Heer und über alle Verschwörer entscheidet. Je entschlossener ihr dabei handelt, um so schwächer wird ihr Mut sein. Wenn sie euch nur ein wenig nachgiebig sehen, dann werden alsbald die Radikalen alle zur Stelle sein.“

(*Cat.* 52,13-18)

Catilina im Tartarus, von einer Furie gegeißelt. Holzschnitt aus einer Vergilausgabe, Straßburg 1502

---

conposite: wohlformuliert – **ante:** Adv. – **ordo, -inis** h.: Versammlung, Senat – Ⓚ *memorare*: davon abh. der folgende AcI – **divorso itinere:** „auf verschiedenem Weg“, weit entfernt von – **taeter, -tra, -trum:** abstoßend – **incultus:** ungepflegt – **foedus:** scheußlich – **formidulosus:** furchteinflößend

5 **per municipia:** verteilt auf Landstädte – **custodia:** Haft – **quasi vero** (m. Konj.): gleich als ob tatsächlich (ironisch!)

1. Welches Jenseitsbild steckt hinter Catos Korrektur zu Caesars Aussagen über den Tod?
2. Welche Kurzsichtigkeit kritisiert Cato an Caesars Antrag?
3. Vergleichen Sie die Einschätzung der Situation
   a) bei Cato (↗ T 1),
   b) bei Caesar (↗ T 10,4 / zu Silanus),
   c) bei den Senatoren (↗ T 10,4).
4. Was fordert Cato letztlich?

„Werte" – früher und heute

„Nolite existumare maiores nostros armis rem publicam ex parva magnam fecisse. Si ita esset, multo pulcherrumam eam nos haberemus: quippe sociorum atque civium, praeterea armorum atque equorum maior copia nobis quam illis est. Sed alia fuere, quae illos magnos fecere, quae nobis nulla sunt: domi industria, foris iustum imperium, animus in consulendo liber, neque delicto neque lubidini obnoxius. Pro his nos habemus luxuriam atque avaritiam, publice egestatem, privatim opulentiam. Laudamus divitias, sequimur inertiam. Inter bonos et malos discrimen nullum, omnia virtutis praemia ambitio possidet. Neque mirum: ubi vos separatim sibi quisque consilium capitis, ubi domi voluptatibus, hic pecuniae aut gratiae servitis, eo fit, ut impetus fiat in vacuam rem publicam."

(*Cat.* 52,19-23)

1. Welche Rolle spielen die *maiores* in Catos Argumentation? Welche Eigenschaften an ihnen hebt er heraus?
2. Worin unterscheidet sich nach Cato die römische Politik heute und früher? In welchem Zusammenhang hat Sallust diese Thematik bereits angesprochen?
3. Welche Folgen hat diese Entwicklung für den Staat? Was kann deshalb *vacua res publica* bedeuten?
4. Welchen Schluss sollen die zuhörenden Senatoren aus dieser Gegenüberstellung von Einst und Jetzt im Hinblick auf die Gefahr durch die Catilinarier ziehen?

---

quippe: denn

5 **domi** h: zuhause, in Rom (Ggs. *foris*: außerhalb Roms) – **industria:** Fleiß, Einsatz – **delictum, -i:** Straftat – **obnoxius alci rei:** abhängig von etw. – **privatim:** Adv. zu *privatus* – **discrimen, -inis:** Unterschied

10 **separatim:** einzeln – **vacuus** h: frei, leer, wehrlos

Staatsfeinde in Rom gefasst

„Sed ego haec omitto. Coniuravere nobilissumi cives patriam incendere, Gallorum gentem infestissumam nomini Romano ad bellum arcessunt, dux hostium cum exercitu supra caput est;

„Doch will ich das beiseite lassen. Es haben sich Bürger aus den höchsten Schichten verschworen, unsere Vaterstadt in Brand zu setzen, sie holen den Volksstamm der Gallier, den gefährlichsten Gegner des Römertums, zum Krieg herbei, der Anführer der Feinde sitzt uns mit einem Heer im Nacken.

vos cunctamini etiam nunc et dubitatis, quid intra moenia deprensis hostibus faciatis?
Misereamini censeo – deliquere homines adulescentuli per ambitionem – atque etiam armatos dimittatis.“

Da zögert ihr auch jetzt noch und zweifelt, was ihr mit Feinden machen sollt, die innerhalb unserer Mauern gefasst wurden?
Ihr sollt Mitleid haben, beantrage ich – es sind ja junge Burschen nur aus Ehrgeiz vom rechten Wege abgekommen –, und sie sogar mit ihren Waffen ziehen lassen.“

(*Cat.* 52,24-26)

1. Wer ist mit *Gallorum gens* gemeint? Inwiefern wird hier ein Trauma der Römer (↗ i 11,3) wachgerufen, wenn Cato anstelle des Stammes allgemein von *Galli* spricht?
2. Was bedeutet es, wenn Cato die Verhafteten als *hostes* bezeichnet?

Der Galliereinfall

Im 4. Jh. v. Chr. hatten Kelten nicht nur Oberitalien erobert, ein Trupp unter Brennus konnte sogar die Römer 387 an der Allia (16 km nördl. von Rom) besiegen. Der nächtliche Überfall auf das Kapitol scheiterte zwar am Geschnatter der ‚Kapitolinischen‘ Gänse (Opfertiere für Juno), das die Wachmannschaft um Manlius weckte, Rom aber wurde völlig niedergebrannt.
Das Datum der Schlacht galt als *dies ater*, die nördlichen Invasoren (wie später die germanischen Kimbern und Teutonen) bedeuteten höchste Bedrohung für die Römer.

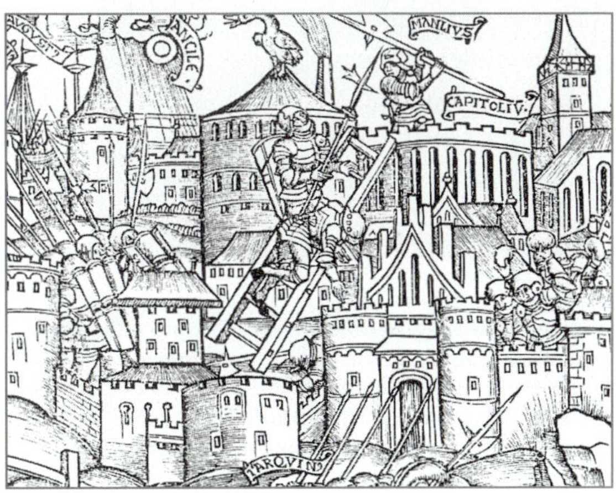

Gallieransturm auf das Kapitol. Holzschnitt aus einer Vergilausgabe, Straßburg 1502

Entschlossenes Handeln gefordert

„Ne ista vobis mansuetudo et misericordia, si illi arma ceperint, in miseriam convortat. Scilicet res ipsa aspera est, sed vos non timetis eam. Immo vero maxume. Sed inertia et mollitia animi alius alium expectantes cunctamini, videlicet dis inmortalibus confisi, qui hanc rem publicam saepe in maxumis periculis servavere. Non votis neque suppliciis muliebribus auxilia deorum parantur; vigilando, agundo, bene consulendo prospere omnia cedunt. Ubi socordiae te atque ignaviae tradideris, nequiquam deos inplores: irati infestique sunt."

(*Cat.* 52,27-29)

1. Welche Vorwürfe erhebt Cato gegen die Senatoren? Nennen Sie die dafür einschlägigen Begriffe (auch Verben) aus dem Text.
2. Welche Funktion soll die mehrfache Erwähnung der Götter hier erfüllen?
3. Welche konkreten Forderungen stellt der Redner?

Keine Schonung für die Verhafteten

„Bei unseren Vorfahren ließ Aulus Manlius Torquatus im Krieg gegen die Gallier seinen eigenen Sohn hinrichten, weil dieser befehlswidrig mit dem Feind gekämpft hatte, und dieser prächtige junge Mensch musste seine unbeherrschte Tapferkeit mit dem Tode büßen; und ihr seid unschlüssig, was ihr über die grausamsten Mörder beschließen sollt? Verständlich, ihr sonstiger Lebenswandel verträgt sich nicht mit diesem Verbrechen.

Ferdinand Bol: Torquatus lässt seinen Sohn hinrichten (1661). Amsterdam, Rijksmuseum

---

ne ~ *dummodo ne* („wenn/dass nur nicht") – **convortere** h.: sich wenden, sich verwandeln – **asper:** schwierig, misslich – **immo vero maxume:** genau das Gegenteil <trifft zu>! – **mollitia** (→ *mollis*): Weichlichkeit, Mangel an Energie – **cunctari:** zögern – **dis** ~ *deis*
votum, -i: Gelübde, Gebet – **muliebris, -e:** nach Art von Frauen, weibisch – **vigilare:** wachen – **prospere** (Adv.): günstig, erfolgreich – **cedere** h.: ablaufen – Ⓚ *inplores*: Potentialis („man ...") – **iratus:** Adj. zu *ira*

Ja, nehmt nur Rücksicht auf den Rang eines Lentulus, wenn der selber auf seine Ehrbarkeit, wenn er auf seinen Ruf, wenn er auf die Götter oder irgendwelche Menschen jemals Rücksicht nahm! Seid nachsichtig mit der Jugend eines Cethegus, wenn er nicht bereits zum zweiten Mal gegen sein Vaterland einen Krieg begonnen hat.
Was soll ich denn noch von einem Gabinius, Statilius, Caeparius reden? Wenn für diese jemals irgend etwas Gewicht gehabt hätte, dann hätten sie keine solchen Pläne gegen den Staat haben können.
Letztlich aber, Senatoren, wenn, bei Gott, noch Raum für eine Fehlentscheidung wäre, so würde ich es leicht hinnehmen, dass ihr durch die Geschehnisse selbst eines Besseren belehrt würdet, weil ihr ja Worte nicht beachtet."

(*Cat.* 52,30-35a)

1. Welche Details machen das Torquatus-Exempel zu einem extremen Gegenbeispiel der momentanen Situation?
2. Welche Färbung gibt Cato seiner Äußerung über die Verhafteten?

Strafantrag

„Sed undique circumventi sumus. Catilina cum exercitu faucibus urget; alii intra moenia atque in sinu urbis sunt hostes; neque parari neque consuli quicquam potest occulte: quo magis properandum est. Quare ego ita censeo, quom nefario consilio sceleratorum civium res publica in summa pericula venerit, iique indicio T. Volturci et legatorum Allobrogum convicti confessique sint caedem, incendia aliaque se foeda atque crudelia facinora in civis patriamque paravisse, de confessis, sicuti de manufestis rerum capitalium, more maiorum supplicium sumundum."

(*Cat.* 52,35b-36)

---

faucibus urgere: die Kehle würgen – **in sinu** h.: im Herzen, mitten in
foedus: scheußlich – **manufestus** (als juristischer Terminus) **alcs rei:** auf frischer Tat ertappt bei etw. – **res capitales:** todeswürdige Verbrechen – **supplicium sumere de alqo:** an jdm. die Hinrichtung vollziehen

Nachdem Cato wieder Platz genommen hat, spenden alle ehemaligen Konsuln sowie ein großer Teil des Senats seinem Antrag Beifall und erheben seine mannhafte Haltung bis zum Himmel, andere schimpfen auf die andern ein und heißen sie Feiglinge. Cato gilt als der gefeierte, große Mann; der Senatsbeschluss wird so gefasst, wie er beantragt hatte.

(*Cat.* 53,1)

1. Wodurch übt Cato am Ende seiner Rede Druck auf die Senatoren aus?
2. Inwiefern erkennt Cato selbst, indem er den Ausdruck *de confessis, sicuti de manufestis rerum capitalium* gebraucht, die juristische Problematik des vorliegenden Falls?
3. Welche Wirkung hatte seine Rede (53,1)?

Zur Cato-Rede insgesamt

1. Wie ist die Stimmung im Senat, als Cato an der Reihe ist?
2. Welche Gesichtspunkte aus den antiken Kurzfassungen (↗ i 11,1; S. 70) haben Sie bei Sallust gefunden, welche hat er nicht berücksichtigt?
3. Inwiefern kann man Cato als Realpolitiker bezeichnen?
4. Mit welchen Argumenten vertritt Cato letztlich die Entscheidung für die Todesstrafe?

12 Caesar und Cato im Vergleich

Roms große Politiker

Da ich viel las, viel hörte von den glänzenden Taten des römischen Volkes im Frieden und Krieg, zu Wasser und zu Lande, reizte es mich unwillkürlich, zu überdenken, welche Eigenschaften denn hauptsächlich so große Leistungen bewirkt haben. Ich wusste, dass es oftmals mit einer kleinen Schar gegen große feindliche Heere gefochten hat; mir war bekannt, dass es mit geringen Kräften Kriege gegen mächtige Könige geführt, ferner oft die Gewalt des Schicksals ausgehalten hat, dass in der Rednergabe die Griechen, im Kriegsruhm die Gallier den Römern vorausgewesen sind. Und nach langer Erwägung stand es für mich fest, dass die außergewöhnliche Tüchtigkeit einiger weniger Bürger das alles vollbracht hat und dass deshalb die Armut dem Reichtum, die kleine Zahl der großen Masse überlegen war. Als aber das Volk durch Ausschweifung und Müßiggang verdorben war, da wiederum hielt der Staat mit seiner Größe die Fehler der Heerführer und Beamten aus, und als ob die Kraft der Eltern erschöpft sei, gab es während langer Zeit in Rom wohl niemand, der durch seine Tüchtigkeit ein großer Mann gewesen wäre.

(*Cat.* 53,2-5a)

Welche Bedeutung hat dieser Exkurs? Welcher Eindruck entstünde, wenn der folgende Vergleich Catos mit Caesar unmittelbar an die Reden angeschlossen würde?

Der Vergleich (Synkrisis)

Sed memoria mea ingenti virtute, divorsis moribus fuere viri duo, M. Cato et C. Caesar. Quos quoniam res obtulerat, silentio praeterire non fuit consilium, quin utriusque naturam et mores, quantum ingenio possum, aperirem.

Igitur iis genus aetas eloquentia prope aequalia fuere, magnitudo animi par, item gloria, sed alia alii. Caesar beneficiis ac munificentia magnus habebatur, integritate vitae Cato. Ille mansuetudine et misericordia clarus factus, huic severitas dignitatem addiderat. Caesar dando sublevando ignoscundo, Cato nihil largiundo gloriam adeptus est. In

---

offerre h.: vor Augen führen – **quin:** ohne dass

aequalis ~ *aequus* – **alia <gloria> alii:** jedem ein anderer <Ruhm> – **munificentia:** Freigebigkeit – **integritas, -atis:** Unbestechlichkeit – **severitas, -atis:** Strenge – **sublevare:** unterstützen – **adipisci** (*adeptus sum*): erwerben

altero miseris perfugium erat, in altero malis pernicies. Illius facilitas, huius constantia laudabatur. Postremo Caesar in animum induxerat laborare, vigilare; negotiis amicorum intentus sua neglegere, nihil denegare, quod dono dignum esset; sibi magnum imperium, exercitum, bellum novom exoptabat, ubi virtus enitescere posset. At Catoni studium modestiae, decoris, sed maxume severitatis erat; non divitiis cum divite neque factione cum factioso, sed cum strenuo virtute, cum modesto pudore, cum innocente abstinentia certabat; esse quam videri bonus malebat: ita, quo minus petebat gloriam, eo magis illum adsequebatur.

(*Cat.* 54,1-6)

1. Weshalb entschloss sich Sallust, die Gestalten M. Cato und C. Caesar in einem Vergleich (Synkrisis) einander gegenüberzustellen?
2. Welche sind die vier Eigenschaften, die beim Vergleich im Zentrum stehen? Welche Adjektive sind ihnen beigeordnet? Was bedeuten sie für die Gesamtwürdigung?
3. Legen Sie eine vierspaltige Tabelle an, in der Sie jeweils den lateinischen Begriff und die deutsche Übersetzung für die Wesenszüge Caesars und Catos notieren.
4. Welche gegensätzlichen Politiker-Typen stehen sich – nach Sallusts Einschätzung – in Caesar und Cato gegenüber? Deutet sich in der Synkrisis irgendwo an, dass Sallust einem der beiden Männer innerlich näher steht?
5. Welcher Bezug lässt sich zu der Wertung in t 12,1 herstellen?
6. Ein zentrales Thema in der Nachwirkung der Cato-Gestalt ist der Selbstmord (↗ Abb. S. 84). Erklären Sie in dieser Hinsicht den letzten Satz (*ita ... adsequebatur*)

---

10 **perfugium, -i:** Zuflucht(sort) – **facilitas, -atis:** umgängliches Wesen – **constantia:** Charakterfestigkeit – **in animum inducere:** sich vornehmen – **vigilare:** wachsam sein, unermüdlich sorgen – Ⓚ *neglegere / denegare*: hist. Infinitive (HS!) – **denegare:** abschlagen, verweigern – **enitescere:** aufleuchten

15 **factiosus:** Parteianhänger – **modestus:** bescheiden – **abstinentia:** Uneigennützigkeit – **certare:** wetteifern – **adsequi:** einholen

Max Klinger: Tod Caesars (1878/1919).
Leipzig, Museum der Bildenden Künste

Die Inschriften in Siena (zur Abbildung S. 73)
Die politisch Verantwortlichen der Stadtrepublik Siena wurden auf dem Weg in den Sitzungssaal im Vorraum mit einem Programm konfrontiert, das an Sallusts Geschichtskonzept erinnert: **Iustitia** (als allegorische Figur) und ihre beispielhaften Vertreter **Cicero**, **Cato** und Scipio Nasica (der vergeblich gegen das *Ceterum censeo* des Älteren Cato argumentiert hatte) waren die Garanten der römischen Republik.
Abgeschoben in einen seitlichen Durchgang, keiner Tugend zugeordnet, werden **Caesar und Pompeius** dargestellt und durch ihre Inschrift als Zerstörer der Republik gebrandmarkt.

Iustitia:

Iustitia omnium virtutum preclarissima regna conservat
Propter Iniustitiam transferuntur regna de gente in gentem

Die Gerechtigkeit, die vorzüglichste aller Tugenden, bewahrt die Reiche,
wegen Ungerechtigkeit geht die Herrschaft von einem Volk auf ein anderes über.

Cicero:

Ingeniis patriam propriis ego consul et omnes
Servavi cives, tandem Catilina rebellis
Ad mortem dulci pro libertate coactus <est>.
Hinc Cato me patriae patrem reliquique vocarunt.

Durch die mir eigenen Fähigkeiten habe ich als Konsul die Vaterstadt und alle Bürger gerettet, schließlich wurde der aufrührerische Catilina im Interesse der geliebten Freiheit in seinen Untergang getrieben.
Deshalb haben mich Cato und die anderen Vater des Vaterlands genannt.

Cato Uticensis:

Quem vera libertas aluit, quem gloria nulla
Ambiret licet invitum distraxit; amator
Iustitiae ac recti Cato sum, civilia bella,
Ne domino premerer, fugi quem morte secutus.

Den wahre Freiheit großgezogen hat, den kein Ruhm zerstört hat, mag dieser ihn auch gegen seinen Willen verfolgt haben; ich, Cato, liebe leidenschaftlich die Gerechtigkeit und das sittlich Gute, dem Bürgerkrieg bin ich entflohen, um nicht einem Tyrannen mich fügen zu müssen, den ich durch meinen Tod verfolgte.

Caesar und Pompeius:

Hos spectate viros animisque infigite, cives,
Publica concordi nam dum bona mente secuti
Maiestas romana duces tremefecit et orbem,
Ambitio sed ceca duos ubi traxit ad arma,
Libertas romana perit scissoque senatu
Heu licet puero caput alt<a>e ascendere Rom<a>e.

Diese Männer schaut an und prägt sie euch ein, Mitbürger;
denn solange sie einträchtig das Wohl des Staates im Auge hatten,
ließ die römische Macht fremde Heerführer und den Erdkreis erzittern.
Als aber blinder Ehrgeiz die beiden zu den Waffen greifen ließ,
ging die römische Freiheit zugrunde und bei der Zerrissenheit des Senats war es
– leider! – einem – fast noch – Knaben möglich, an die Spitze des mächtigen Rom zu kommen.

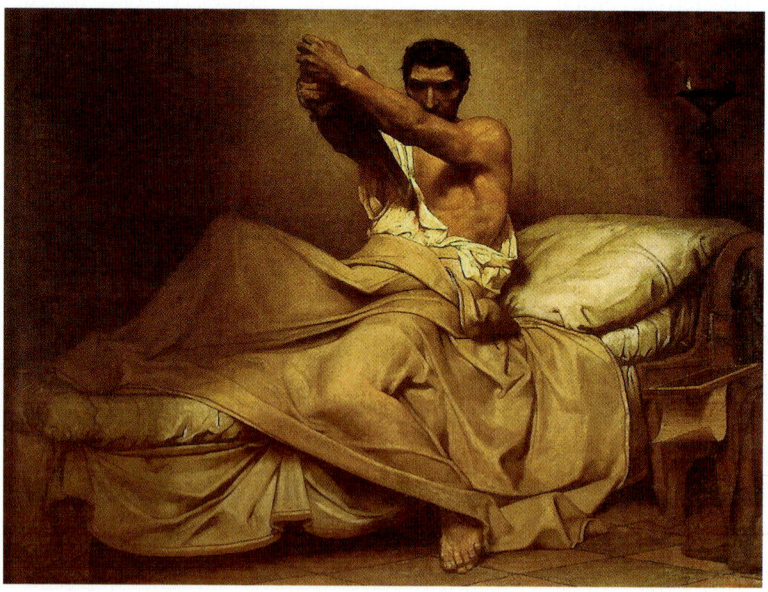

Jean-Paul Laurens: Selbstmord Catos (1858). Toulouse, Musée des Augustins

13 Das Scheitern der Revolution (*Cat.* 56-58)

Während der Ereignisse in Rom hatte Catilina in Etrurien seine Legionen in kurzer Zeit aus allen Bevölkerungsteilen (auch Sklaven) auf volle Mannschaftsstärke gebracht, allerdings nur mit mangelhafter Bewaffnung. Dem „Staatsheer“ unter Antonius, der den Kampf mit ihm suchte, wich er geschickt aus und wartete auf die Nachricht vom Gelingen des Putsches in der Hauptstadt.
Als jedoch die Nachricht vom Scheitern des Attentats und von der Hinrichtung der Anführer zum Revolutionsheer gelangt war, machten sich viele aus dem Staub, den Rest führte Catilina in Eilmärschen nach Pistoria, in der Absicht, nach Gallien zu entkommen. Doch vom Norden her versperrte Quintus Metellus Celer mit seinen Legionen den Fluchtweg.
So in die Zange genommen, entschloss sich Catilina, im Vertrauen auf das Kriegsglück, zum Kampf. Er musste freilich erst sein Heer dazu gewinnen. In der Versammlung sprach er folgendermaßen:

Catilinas Aufruf zum Heldenkampf

13₁

„Compertum ego habeo, milites, verba virtutem non addere, neque ex ignavo strenuum neque fortem ex timido exercitum oratione imperatoris fieri. Quanta quoiusque animo audacia natura aut moribus inest, tanta in bello patere solet. Quem neque gloria neque pericula excitant, nequiquam hortere: timor animi auribus officit. Sed ego vos, quo pauca monerem, advocavi, simul uti causam mei consilii aperirem.

compertum habere: verstärktes *comperisse* – **timidus** (→ *timere*): furchtsam, ängstlich – **inesse alci:** in jdm. sein, stecken
Ⓚ *hortere* (~ *horteris*): Potentialis („man ...“) – Ⓚ *quo* m. Konj ~ *ut eo* – **advocare alqm:** jdn. anrufen, herbeirufen

Soldaten, ihr wisst ja, welches Unglück Lentulus durch seine Halbherzigkeit und Schlappheit sich selbst und uns gebracht hat und wieso ich, während ich aus der Hauptstadt Verstärkungen erwartete, nicht nach Gallien marschieren konnte. In welcher Lage wir uns aber jetzt befinden, das seht ihr alle ebenso wie ich. Zwei feindliche Heere sperren uns den Weg, das eine von der Hauptstadt, das andere von Gallien her.
Noch länger in dieser Gegend zu bleiben, verbietet uns, auch wenn wir das am liebsten möchten, der Mangel an Verpflegung und anderen Dingen. Gleich, wohin wir ziehen wollen, der Weg muss mit dem Schwert gebahnt werden.

Quapropter vos moneo, uti forti atque parato animo sitis et, quom proelium inibitis, memineritis vos divitias decus gloriam, praeterea libertatem atque patriam in dextris vostris portare. Si vincimus, omnia nobis tuta erunt: commeatus abunde, municipia atque coloniae patebunt. Si metu cesserimus eadem illa advorsa fient. Neque locus neque amicus quisquam teget, quem arma non texerint.
Praeterea, milites, non eadem nobis et illis necessitudo impendet: nos pro patria, pro libertate, pro vita certamus, illis supervacaneum est pugnare pro potentia paucorum. Quo audacius adgredimini memores pristinae virtutis! ...

Soldaten, wenn ich auf euch blicke und wenn ich eure Taten bewerte, dann habe ich große Hoffnung auf einen Sieg. Euer Kampfgeist, Lebensalter, Mannesmut treiben mich an, außerdem der Zwang, der sogar Ängstliche zu Helden macht. Denn dass uns die Überzahl der Feinde umzingeln könnte, das verhindert die Enge des Geländes. Wenn freilich das Schicksal eurer Tapferkeit nichts gönnen sollte, dann gebt euer Leben ja nicht ohne Rache her und lasst euch als Gefangene nicht wie das Vieh abschlachten, statt lieber wie Männer zu kämpfen und den Feinden nur einen blutigen und leidvollen Sieg zu überlassen."

(*Cat.* 58)

1. Wie lässt Sallust den Putschisten Catilina seine jetzige Lage beurteilen?
2. Auf welche Beweggründe setzt der Anführer bei seinem Aufruf zum Heldenkampf? Nennen Sie die dafür einschlägigen Begriffe aus dem Text.
3. Vergleichen Sie diese Rede Catilinas mit der in der Geheimsitzung (↗ t 5,1 und t 5,2; S. 36ff.).

15 **quapropter:** deshalb – **dextra** (erg.: *manus*): die Rechte – **commeatus, -us:** Verpflegung – **abunde** (Adv.): in reichlichem Maße – **municipium, -i:** Landstadt – **colonia:** Ansiedlung, Kolonistensiedlung

20 **advorsus:** feindlich, gegenteilig – **necessitudo, -inis:** Zwang, Notlage – **impendere:** drohen **supervacaneus:** überflüssig – **quo** m. Komp.: um so

25 **pristinus:** früher

Der Heldentod der Catilinarier (nach *Cat.* 59-61)
In der anschließenden Schlacht kämpfte Catilina wie seine Anhänger zu Fuß. Im erbitterten Kampf mit den Regierungstruppen fiel er, in der vordersten Front stehend. Die Verluste waren bei allen hoch: Aufseiten der Verteidiger des Staates starben die Tüchtigsten. Von den Catilinariern überlebte keiner. Niemand hatte sich durch Flucht dem Ende entzogen. Schaulustige entdeckten unter den gefallenenen Anhängern Catilinas frühere Freunde, Bekannte und Verwandte. Über dem Schlachtfeld hörte man abwechselnd Siegesjubel und Trauerschmerz.
Die Revolution endete erfolglos.

Alcide Segoni: Auffindung der Leiche Catilinas (1871). Florenz, Galleria d'Arte Moderna

Anhang

1. Catilina auf der Bühne Europas

Sallusts *Catilinarische Verschwörung* hat zusammen mit Ciceros Reden *In Catilinam* dem römischen Revolutionär auf der Bühne Europas eine nicht geringe Rolle verschafft. An Catilina haben sich die Geister geschieden, so dass er zum Typus oder Modell ganz unterschiedlicher politischer Existenzen, der des Sozialrevolutionärs oder der des Putschisten, geworden ist. Die konträre fachwissenschaftliche Diskussion spiegelt sich tendenziell in der Art wider, wie man in Politik und Literatur diesen Mann dargestellt hat.

1.1 Catilina im Urteil der Fachwissenschaft

„Der leidenschaftliche Vorkämpfer der sozialen Revolution war L. Catilina. [...] Es steht fest, dass Catilina eine durchaus ernsthafte Persönlichkeit gewesen ist, die für ein würdiges Ziel, die Entschuldung der italischen Bauernschaft, ihr Leben hingegeben hat.“ (A. Rosenberg, 1921)

„Catilina, ‚ein notorischer Schurke‘, ist der Exponent des zum Umsturz übergegangenen radikalen Teils der Popularen, zugleich aber auch der deutlichste Ausdruck der vollkommenen Fäulnis im öffentlichen und privaten Leben und der schweren sozialen Krise, an der die römische Republik zugrunde gegangen ist.“ (E. Kornemann, 1954)

„Catilina war kein Sozialrevolutionär [...], sondern ein Mann, der wie alle Politiker in Rom von der Politik leben wollte.“ (A. Heuss, 1964)

„Die zeitgenössische Überlieferung hat aus dieser Verzweiflungstat eines gescheiterten Patriziers die lang geplante Verschwörung eines notorischen Verbrechers gemacht. Aus dem historischen Catilina [...] wurde der Archetyp eines Verschwörers und das Sinnbild des in einer zerrissenen Zeit übermächtig gewordenen Bösen.“ (W. Dahlheim, 1987)

1.2 Catilina in Politik und Literatur

Die Akteure der Französischen Revolution (1789) hatten in Catilina ihr politisches Vorbild und ihren Ideengeber. Die Republikaner sahen nämlich in Sallusts Monografie *Die Catilinarische Verschwörung* den Leitfaden ihres politischen Denkens und Handelns; dabei spielten besonders Catilinas Reden (Kap. 20 und 58) für ihre Ziele und Methoden eine wichtige Rolle.

Der deutsche Kanzler Otto von Bismarck hat am 30. September 1862 vor dem preußischen Abgeordnetenhaus für Leute, die der Rebellion und Anarchie verdächtigt werden, die Wortprägung geschaffen:
„Katilinarische Existenzen, die ein großes Interesse an Umwälzungen haben.“

Friedrich Schiller hat in seinem Schauspiel *Die Räuber* (1781) in der Charakterisierung des Räuberhauptmanns Karl Moor auch die Gestalt Catilinas zum Vergleich herangezogen:
„Ein Geist, den das äußerste Laster nur reizet um der Größe willen, die ihm anhänget, um der Kraft willen, die es erheischet, um der Gefahren willen, die es begleiten. Ein merkwürdiger wichtiger Mensch, ausgestattet mit aller Kraft, nach der Richtung, die diese bekömmt, nothwendig entweder ein Brutus oder ein Katilina zu werden."

Der norwegische Schriftsteller Henrik Ibsen (1828-1906) neigte zu der Ansicht, „dass doch wohl irgendetwas Großes und Bedeutendes an Catilina gewesen sein muss"; in seinem Drama *Catilina*, das er bereits als 21-Jähriger verfasst hatte und das 1875 zur Erstaufführung kam, bringt er dies im 2. Akt zum Ausdruck. Catilina spricht vor seinen Anhängern:

Lentulus: Und was ist denn nun eigentlich dein Ziel?

Catilina: Mein Ziel liegt höher, als du ahnen magst;
Ja, wohl als irgendjemand ahnt. So hört denn!
Erst will ich unsrer jeden Bürger
Mit Freiheitssinn gewinnen, dem des Volkes
Und Landes Ehr und Wohlfahrt alles gilt.
Der alte Römergeist ist noch am Leben,
Sein letzter Funke noch nicht ganz erloschen.
Nun werd er wieder angefacht zur Flamme,
So rein und leuchtend, wie er nie geloht.
Ach, allzu lange lag der Knechtschaft Düster
Auf Rom gesenkt wie eine schwarze Nacht.
Seht, dieses Reich, wie stolz es auch und mächtig
Erscheint, es schwankt und harrt nur seines Falls.
Drum muss ein Starker seine Zügel fassen;
Von Grund auf heißt es säubern hier und retten,
Aus ihrem Schlaf die Stumpfgewordnen wecken,
Vernichten ganz der Elenden Gewalt,
Die Gift in die Gemüter streun, erstickend
Verjüngten Lebens letzte Möglichkeit!
Seht, Bürgerfreiheit will ich fördern, Freunde,
Und Bürgergeist, wie er in alter Zeit
Gewaltet hier; herauf von neuem bannen
Das goldne Alter, da der Römer froh
Sich hingab für des Vaterlandes Ehre
Und Gut und Erbe opferte fürs Volk!

Lentulus: Du schwärmst, Freund Catilina! Das war's nicht,
Was wir gemeint

Einige: Macht fordern wir –

Andere: Und Mittel, ungebunden
Und sorgenfrei zu leben.
[...]

Catilina: Ich Tor! Der ich mit euch zu siegen hoffte!
Weilt Siegergeist in einer Schar Gesunkner? [...]
Nun wohl, vermag ich nicht das alte Rom
zu wecken, – unser Rom, es soll vergehn!
Bald soll'n, wo Marmorsäulen jetzt sich reihen,
Rauchsäulen wirbeln durch der Glut Gekrach;
Palast und Tempel sollen stürzen und
Das stolze Capitol wie Staub verwehn!

Erik Werenskiold: Bildnis Henrik Ibsen (1895). Oslo, Nasjonalgalleriet

Bertolt Brecht (1898-1964) hat in seinem Roman *Die Geschäfte des Herrn Julius Caesar* (1938/39) auch Catilina indirekt eine wichtige Rolle zugewiesen. Der Bankier Crassus fällt hier ein ironisches Urteil über den Mann, das aber zugleich seine Art und Bedeutung als römischer Politiker spürbar macht (↗ S. 51 f.).

2. Nacht über Rom – Krisen der Republik

Invasion der Karthager
Hannibal ad portas
215 v. Chr.

Ansturm der Kimbern
und Teutonen
Furor Teutonicus
113 v. Chr.

Einfall der Gallier
dies ater
387 v. Chr.

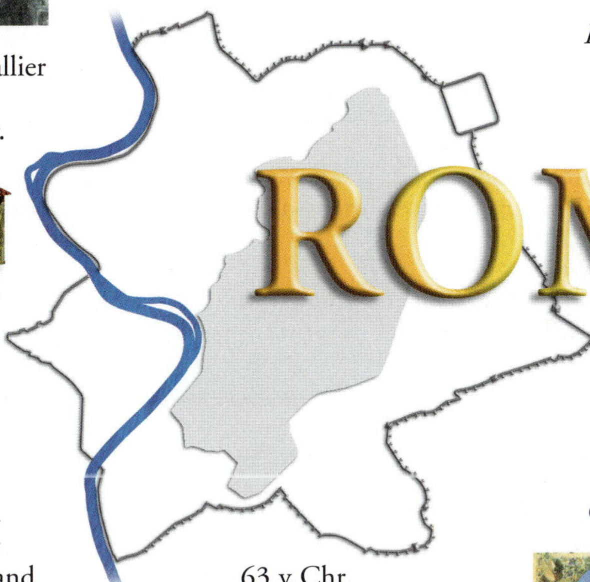

49 v. Chr.
Alea iacta est.
Caesars Angriff

73 v. Chr.
Spartacus
Sklavenaufstand

63 v. Chr.
Quo usque tandem ...?
Catilinarische Verschwörung

3. Stilmittel

Alliteration: Wiederholung des gleichen Anlauts in aufeinanderfolgenden oder naheliegenden Wörtern, um die Aussage auch klanglich zu unterstützen:
__t__utae __t__ranquillaeque res (*Cat.* 16,5)
__p__ostquam res __p__ublica in __p__aucorum __p__otentiam ... concessit (*Cat.* 20,7)

Anapher („Wiederholung"): Wiederaufnahme des gleichen Wortes am Anfang von Sätzen oder Satzblöcken, um eine gliedernde und zugleich eindringliche Betonung zu erzielen:
***sine** legibus, **sine** imperio* (*Cat.* 6,1)
*Nos **pro** patria, **pro** libertate, **pro** vita certamus.* (*Cat.* 58,11)

Antithese („Gegensatz"): Meist unverbundene (→ Asyndeton) Gegenüberstellung von Begriffen oder Sätzen, um die Darstellung zu straffen und der Aussage schärfere Konturen zu geben:
*quibus **corpus annis infirmum, ingenium sapientia validum** erat* (*Cat.* 6, 6)
*Itaque omnis gratia ... **apud illos, nobis** reliquere pericula.* (*Cat.* 20,8)

Asyndeton („Unverbundene Reihe"): Unverbundene Reihung von Wörtern, Satzteilen oder Sätzen, um eine Raffung und Dichte der Aussage zu erreichen:
*Huic **bella intestina, caedes, rapinae, discordiae civiles grata** fuere.* (*Cat.* 5,2)
*Pro his **superbiam, crudelitatem, deos neglegere, omnia venalia habere** edocuit.* (*Cat.* 10,4)

Chiasmus („Überkreuzstellung"): Kreuzweise Anordnung einander entsprechender Begriffe oder Satzteile, um den Gegensatz (→ Antithese) scharf zu betonen, benannt nach dem griechischen Buchstaben X (Chi):

*<Ei erat> satis **eloquentiae**,*
***sapientiae** parum.*
(*Cat.* 5, 5)

*subvorsos **montes**,*
***maria** constrata esse*
(*Cat.* 13, 1)

***victoria** in manu nobis est,*
*viget **aetas**,*
***animus** valet.* (*Cat.* 20, 10)

Dikolon („Zweiglied"): Asyndetische Reihung von zwei Gliedern:
strenui boni („Tüchtige und Gute") (*Cat.* 20, 7)

Ellipse („Auslassung"): Weglassen eines aus dem Zusammenhang leicht ergänzbaren Wortes, um die Aussage knapp zu halten und dicht zu gestalten:
*Civitas inmutata <**est**>.* (*Cat.* 10,6)
*Reges finitumi <**eos**> temptare, pauci ex amicis <**eis**> auxilio esse.* (*Cat.* 6,4)
*Animus audax, subdolus, varius <**ei erat**>.* (*Cat.* 5, 4)

Hendiadyoin („Eins-durch-zwei"): Aufspaltung einer Vorstellung in zwei sich ergänzende Begriffe, um das Gemeinte drastisch zu verdeutlichen:
scelus atque periculum („ein gefährliches Verbrechen") (*Cat.* 4,4)

Historischer Infinitiv: Verwendung des Infinitivs statt der finiten Form des Imperfekts oder Perfekts, um ein Geschehen oder eine Handlung dramatisch zu vergegenwärtigen:

festinare, parare, hortari, obviam ire (sie eilten, rüsteten, ermunterten, zogen entgegen) (*Cat.* 6,5)

Hyperbaton („Sperrstellung"): Sperrung zweier zusammengehöriger Wörter oder Begriffe durch ein Wort oder mehrere Wörter, die dazwischen gestellt sind, um dadurch einer Wortverbindung, einem Satzblock, oder dem ganzen Satz eine innere Spannung zu geben:

... ***nomen*** *imperi* ***legitumum*** *habebant.* (*Cat.* 5, 6)

Eo modo minume ***posse*** *putabant per licentiam* ***insolescere*** *animum humanum.* (*Cat.* 6, 7)

Klimax („Treppe"): Steigerung vom qualitativ oder quantitativ weniger Bedeutenden zum Gewichtigeren:

libertatem, patriam, parentes *armis tegere* (*Cat.* 6, 5)

Litotes: Starke Bejahung eines Gedankens duch Verneinung des Gegenteils bzw. durch doppelte Verneinung:

haud absurdum („nicht sinnlos") (*Cat.* 25,5)

Parallelismus („Parallelstellung"): Parallele Anordnung von einander entsprechenden Wörtern oder Wortblöcken, um den Gegensatz zwischen ihnen stark zu betonen:

<Erat> ***alieni*** *adpetens*
sui *profusus.* (*Cat.* 5,4)

Nobis est ... ***domi*** *inopia*
foris *aes alienum.* (*Cat.* 20, 13)

Polysyndeton („Verbundene Reihe"): Verbindung mehrerer Glieder durch Wiederholung desselben Verbindungswortes, um damit die Aussage durch die Fülle von Gesichtspunkten zu verstärken:

sermone uti ***vel*** *modesto* ***vel*** *molli* ***vel*** *procaci* (*Cat.* 25, 5)

Rhetorische Frage: Feststellung einer Tatsache oder Meinung in Form einer Frage, auf die man eigentlich keine Antwort erwartet, um die Aufmerksamkeit der Hörer/Leser – meist von neuem – zu wecken und zu steigern:

Quid ea memorem, quae ... nemini credibilia sunt? (*Cat.* 13, 1)

Quae quo usque tandem patiemini, o fortissimi viri? (*Cat.* 20,9)

Trikolon („Dreiglied"): Unverbundene Reihung von Begriffen oder Satzblöcken, um eine straffe, dichte Aussage zu bewirken:

... quos ***flagitium, egestas, conscius animus*** *exagitabat.* (*Cat.* 14,3)

... iis ***genus aetas eloquentia*** *prope aequalia fuere.* (*Cat.* 54,1)

4. Sallust-Wortschatz

absurdus, -a, -um	unpassend, sinnlos
adulescentia, -ae f.	Jugendzeit (etwa zw. 14 und 30 Jahren)
ambitio, -onis f.	Ehrgeiz, Ruhmsucht
animal, -is n.	Lebewesen
avaritia, ae f.	Habsucht, Besitzgier
certamen, -inis n.	Wettstreit, Kampf
coniuratio, -onis f.	Verschwörung
conscius (alcs rei)	mitwissend, Mitwisser (in einer Sache)
considerare	betrachten
consultare (~ *consulere alci*)	beraten, überlegen, Sorge tragen (für jdn.)
convincere (*convici, convictum*)	überführen
cruciatus, -us m.	Folter, Qual
cupīdo, -inis f.	Begierde, Verlangen, Leidenschaft
decet (m. AcI)	es ziemt sich, es gehört sich
decus, -oris n.	Schmuck, Ehre, sittliche Würde
dedecus, -oris n.	Schande, Unehre
desidia, -ae f.	Faulheit, Untätigkeit
disserere (*disserui, dissertum*)	erörtern, sprechen über
divitiae, -arum f.	Reichtum
domi militiaeque	in Krieg und Frieden
dominatio, -onis f.	Herrschaft, Gewaltherrschaft
egestas, -atis f.	Mangel, Not, Armut
eloquentia, -ae f.	Beredsamkeit, Redekunst
exagitare	beunruhigen, aufhetzen
exoptare ~ optare	wünschen
facinus, -oris n.	Tat, Schandtat, Verbrechen
factio, -onis f.	Partei, politische Clique
flagitium, -i n.	schändliches Vergehen, Schandtat
foedus, -a, -um	scheußlich
ignavia, -ae f.	Trägheit, Feigheit
ignavus, -a, -um	untätig, träge, feig
immutare	verändern, verwandeln
inceptum, -i n.	Beginnen, Unterfangen, Vorhaben, Planung
inertia, -ae f.	Trägheit
innocens, -entis	unbescholten, rechtschaffen, unschuldig
inplorare	anflehen, anrufen
institutum, -i n.	Einrichtung, Sitte, Brauch
intentus (alci rei)	gespannt, aufmerksam, konzentriert (auf etwas)
iusiurandum, -i n.	Eid, Schwur

largiri	schenken, verschenken
lingua, -ae f.	Zunge, Sprache
lubido, -inis f.	Begierde, Leidenschaft, Zügellosigkiet
luxuria, -ae f.	Verschwendungssucht, ausschweifendes Leben
mansuetudo, -inis f.	Milde
miseria, -ae f.	Elend, Unglück
misericordia, -ae f.	Mitleid
moderari	mäßigen, zügeln, lenken, leiten
modestia, -ae f.	Bescheidenheit, Zurückhaltung
mortales, -ium m.	die Menschen
negotium, -i n.	Geschäfte, Handel, Sache, Lage
nequiquam	vergeblich
obnoxius, -a, -um	abhängig
officere, offeci	im Wege stehen
opulentia, -ae f.	Reichtum
parricida, -ae m.	(Vater-)Mörder, Hochverräter
patres conscripti	meine Herren Senatoren (offizielle Anrede, entstanden aus *patres*: Oberhäupter der alten Adelsfamilien und [*et*] *con-scripti*: Beigeordnete aus Plebejerfamilien)
perditum ire	zugrunde gehen lassen, vernichten
plebes (~ *plebs*), -is f.	das (niedere) Volk
popularis, -is m./f.	Anhänger, Komplize
pravus, -a, -um	schlecht, verkommen
publicare	beschlagnahmen, konfiszieren
rapina, -ae f.	Raub, Räuberei, Raubzug, Beute
sapientia, -ae f.	Weisheit, Einsicht
silentium, -i n.	Schweigen
socordia, -ae f.	Sorglosigkeit
strenuus, -a, -um	kräftig, tüchtig, entschlossen
tantummodo	nur
tempestas, -atis f.	Sturm, stürmische Zeit, Zeit
verbera, -orum n.	Schläge, Auspeitschung
videlicet	natürlich
virilis, -e (→ *vir*)	mannhaft, mutig

5. Sallust-Grammatik

Folgende Erscheinungen begegnen in Sallusts *Catilinarischer Verschwörung*. Anhand dieser Beispiele lässt sich die gesamte Grammatik im Bereich der Syntax wiederholen. Zugleich kann die Lektüre des Werkes von dieser Seite her zielgenau vorbereitet werden.

5.1 Feste Verbindungen im Bereich der Kasuslehre

Genitiv

mores maiorum	die Sitten der Vorfahren
opes ingeni	Mittel des Geistes
sententia Catonis	die Meinung Catos
studium novarum rerum	das Streben nach Umsturz
cupido imperi	Gier nach Herrschaft, Herrschsucht
spes novandi	Hoffnung auf Neuerung
res eius modi	solche Dinge
nihil auxili	keine Hilfe
quid consili	welcher Rat
memor victoriae	mit dem Gedanken an den Sieg
conscius facinoris	(sich der Tat bewusst) Mitwisser der Tat

Dativ

facere modum luxuriae	dem ausschweifenden Leben eine Grenze setzen
parcere vitae suae	mit seinem Leben schonend umgehen
invidere bonis	die Tüchtigen beneiden
deditus ventri	dem Bauch ergeben
usui esse amicis	den Freunden von Nutzen sein
bene facere rei publicae	dem Staat Gutes tun

Akkusativ

facere bellum	Krieg anzetteln
parare amicitias	Freundschaften stiften
capere consilium	einen Plan fassen
movere castra	das Lager abbrechen, aufbrechen
cognoscere mores	den Charakter erfahren
exercere inimicitias	in Feindschaft stehen
neglegere deos	sich nicht um die Götter kümmern
cognoscere socium fidum	den Bundesgenossen als treu kennenlernen
Romam proficisci	nach Rom reisen
dies noctesque vigilare	Tag und Nacht wach sein

Ablativ

curare rem publicam artibus	sich um den Staat mit Kunst und Geschick kümmern
oppressus servitute	unter dem Druck der Knechtschaft
uti honoribus	Ehrenämter innehaben
confisus amicis	im Vertrauen auf die Freunde
more maiorum	nach Sitte der Vorfahren
merito	mit Recht
natura	von Natur
magno ingenio esse	von hoher Geisteshaltung sein
doctus Graecis litteris	in griechischer Wissenschaft bewandert
multo gravius	viel schlimmer
ira commotus	aus Zorn
quare	deshalb
egere patria	kein Vaterland haben
nobili genere natus	von edler Abkunft

a/ab mit Ablativ

liber a partibus	frei von Parteilichkeit
defendere ab iniuria	gegen Unrecht verteidigen

5.2 Feste Verbindungen bei den Nominalformen des Verbums

Infinitiv

Infinitiv als Subjekt

Clarum fieri licet.	Es ist möglich, berühmt zu werden / Man kann berühmt werden.
Omnes homines niti decet ...	Alle Menschen sollten sich anstrengen ...

Infinitiv als Objekt

Fortuna **saevire** coepit.	Das Schicksal begann zu wüten.
Ignoscere quam **persequi** malebant.	Sie wollten lieber verzeihen als bestrafen.

NcI

Res ipsa **hortari** videtur ...	Die Sache an sich gebietet, wie es scheint ...
Edicere iussus est a consule	Er ist vom Konsul veranlasst worden, bekannt zu geben ...

AcI (Verben, nach denen diese Konstruktion häufig steht):

Ea plerique invidia **dicta** <**esse**> *putant.*	Dies sei, so meinen die meisten, aus Missgunst gesagt worden.
Leges **exilium permitti** *iubent.*	Die Gesetze gebieten, die Verbannung zu erlauben.
Senatus *existimat* **Catilinam** contra rem publicam **facturum esse.**	Der Senat glaubt, Catilina werde gegen den Staat handeln.
Catilina *videt* **se** cum paucis **relictum.**	Catilina sieht, dass er zusammen mit wenigen übriggeblieben ist.
Meminerunt **se** contra latrones pro patria **certare.**	Sie erinnern sich, dass sie gegen Räuber für das Vaterland kämpfen.
Cognovit parvis copiis **bella gesta** <**esse**> cum opulentis regibus.	Er weiß, dass mit bescheidenen Mitteln/ Truppen Kriege gegen mächtige Könige geführt worden sind.
Iniuriae causa **bellum coeptum esse** *dixit.*	Eines Unrechts wegen sei, so sagte er, der Krieg begonnen worden.
Compertum habeo **verba** virtutem **non addere.**	Ich weiß aus Erfahrung, dass Worte nicht Tapferkeit bewirken.

Besonderheiten des AcI

Unterordnung mehrerer Infinitive

Ita dicunt imperia **barbaros nequivisse** *pati.*	Sie vertreten die Meinung, dass Barbaren Herrschaft und Befehl nicht hätten ertragen können.

Sperrung durch einen Gliedsatz

Ciceronis *invidiam,* quae postea orta est, *leniri* credebant.	Ciceros Missgunst, die nachher aufkam, schwäche sich, so glaubten sie, ab.

Participium coniunctum

Sententiam rogatus ...	nach seiner Meinung befragt ...
paulum commoratus ...	nach kurzem Verweilen ...
Pugnantes cadunt.	Sie fallen im Kampf.
negotio intentus ...	mit der Aufgabe eifrig befasst ...
Nominans appellat <eos>.	Er ruft <sie> namentlich.
amicis confisus ...	im Vertrauen auf die Freunde ...
misericordia impulsus	aus Mitleid
optumum factu ratus	im Glauben, es sei am besten (zu tun)
servitute oppressus	unter dem Druck der Knechtschaft
Alius alium exspectantes cunctamini.	Ihr zögert, wobei einer auf den anderen wartet.

Ablativus absolutus

ea re / causa cognita	in Kenntnis dieser Sache/dieses Grundes
consilio cognito	in Kenntnis des Planes
oratione habita	nach dem Ende der Rede/nach der Rede
patrimonio amisso	nach Verlust des Erbes
coniuratione patefacta	nach Aufdeckung der Verschwörung
his rebus comparatis	nach Beschaffen dieser Dinge
bello confecto	nach Abschluss des Krieges
eo praesente	in seiner Gegenwart
volentibus omnibus	mit aller Zustimmung

Besonderheiten beim Ablativus absolutus

Abhängigkeit eines Gliedsatzes vom Abl. abs.

constituta nocte, qua proficiscerentur	nach Festlegung der Nacht, in der sie aufbrechen sollten

Sperrung des Abl. abs.

paratis, ut videbatur, **magnis copiis**	nach Beschaffung von offensichtlich (wie es schien) großen Mitteln/Truppen

Gerundium

initium narrandi	der Beginn des Berichts
vescendi causa	des Essens wegen / um zu essen
opes ad defendendum	Mittel zur Verteidigung
vigilando	durch Wachen
multa pollicendo	durch große Versprechungen
animus in consulendo liber	ein im Denken freier Geist

Gerundivum

consilium opprimundae rei publicae	der Plan zu einem Staatsstreich
ad capiunda arma	um die Waffen zu ergreifen
magis dandis quam accipiundis beneficiis	mehr durch Erweisen als durch Empfangen von Wohltaten
Pauca explananda sunt.	Weniges muss erklärt werden.
Hoc vobis providendum est.	Dafür müsst ihr sorgen.
Magis properandum est.	Man muss sich mehr beeilen.

Verbindung mehrerer Konstruktionen

Participium coniunctum – AcI

in rem fore **credens**	im Glauben, dass es vorteilhaft sein werde
confisus se facile principem fore	im Vertrauen darauf, dass er leicht der führende Mann sein werde

Verschränkter Relativsatz – AcI

C. Antonius,	C. Antonius,
quem sperabat collegam fore, ...	von dem er hoffte, er werde sein Kollege sein ...

Verschränkter Relativsatz – NcI

aquila, **quam** C. Marius habuisse dicebatur, ...	der Adler, den C. Marius, wie man sagte, gehabt hatte, ...

Gerundivum (mit der Bedeutung des Müssens) – AcI

Censeo **publicandas** <esse> eorum pecunias.	Ich stelle den Antrag, dass ihr Vermögen eingezogen werden sollte.

Participium coniunctum – Gliedsatz

timens, ne ...	in der Furcht, dass ...

Relativer Satzanschluss – Abl. abs.

quibus rebus confectis	nach Erledigung dieser Maßnahmen

Gliedsatz – AcI

Catilina, postquam videt se clausum <esse>, ...	Als sich Catilina eingeschlossen sah, ...

Relativer Satzanschluss – Gliedsatz

Cui cum minus gratus esset, ...	Da er diesem weniger angenehm war, ...

Relativer Satzanschluss – Gerundivum

Quo magis mirandum est.	Umso mehr muss man sich wundern.

Relativer Satzanschluss – Part. coni. – AcI

quem retractum ex itinere necari iussit	diesen ließ er von unterwegs zurückholen und töten

6. Zusammenstellung der Literatur

ALBRECHT, M. V.: Geschichte der römischen Literatur, Bd. 1, München [2]1997, 347ff.

DERS: Meister römischer Prosa, Heidelberg 1971, 90ff.

BECKER, C.: Sallust. In: Aufstieg und Niedergang der römischen Welt (hg. von Temporini, H.), Berlin 1973, Bd. I,3, 720-754.

DERS.: Wertbegriffe im antiken Rom. Ihre Geltung und ihr Absinken zum Schlagwort. In: Tacitus in der Schule II. AUXILIA 24, Bamberg 1989, 95ff.

BÜCHNER, K.: Sallustinterpretationen. AU 10, Beiheft 2 (1967).

DERS.: Sallust, Heidelberg [2]1982.

BURKARD, TH.: Sallust als Klassiker. In: Altera Ratio. Klassische Philologie zwischen Subjektivität und Wissenschaft (hg. von Schauer, M./Thome, G.), Stuttgart 2003, 12ff.

DERS.: Forschung aktuell: Sallust. Ein Forschungsbericht. In: Pegasus-Onlinezeitschrift IV/I (2004).

DREXLER, H.: Die Catilinarische Verschwörung. Ein Quellenheft, Darmstadt 1976.

ENGEMANN, H.: Catilina spricht zu den Verschwörern. In: AU 5, 5 (1962), 27ff.

FEHRLE, R.: Cato Uticensis, Darmstadt 1983.

FUHRMANN, M.: Sallusts Catilina als historische Schrift im Unterricht. In: AU 22, 2 (1979), 43-51.

HARMS, B.: Catilinae coniuratio. Lehrerkommentar, Frankfurt a.M. 1978.

HEIDER, U.: Lucius Sergius Catilina – ein Verbrecher aus verlorener Ehre? In: Von Romulus zu Augustus. Große Gestalten der römischen Republik (hg. von Hölkeskamp, K.-J./Stein-Hölkeskamp, E.), München 2000, 268ff.

Hoffmann, W.: Catilina und die römische Revolution. In: Gymnasium 66 (1959), 459ff.

JACOBS, J.: Dark Age Ahead. New York 2004.

KARL, K.: C. Sallustius Crispus. Sallusts Coniuratio Catilinae im Unterricht. In: Die großen Historiker Livius – Sallust – Tacitus. AUXILIA 39 (hg. von Städele, A.), Bamberg 1996, 50-89.

KLINZ, A.: Sallust als Schulautor. Didaktische Hinweise und Interpretationsbeispiele. AUXILIA 11, Bamberg 1985.

KLOWSKI, J.: Das Problem des Sittenverfalls. Zu Sallust ‚Catilinae coniuratio' 6-13. In: AU 15, 3 (1972), 86-88.

LÄMMLI, F.: Sallusts Stellung zu Cato, Caesar, Cicero. In: Das Staatsdenken der Römer (hg. von Klein, R.), Darmstadt 1966, 514-551.

LEEMAN, A. D.: Sallusts Prologe und seine Auffassung von der Historiographie. In: Das Staatsdenken der Römer (hg. von Klein, R.), Darmstadt 1966, 472-499.

DERS.: Sallust. In: Neues Handbuch der Literaturwissenschaft. Römische Literatur (hg. von Fuhrmann, M.), Frankfurt a.M. 1974, 121ff.

LOPEZ, J. G.: The true names of things, Diss. Cornell 1997.

MAIER, F.: Politische Bildung an Sallusts „Denkmodellen". In: Lateinunterricht zwischen Tradition und Fortschritt, Bd. 3, Bamberg 1985, 13ff.
DERS.: Sallusts Blick auf die römische Geschichte. Ein Plädoyer für den Schulautor. In: FORUM CLASSICUM 2 (2005), 95f.
MEIER, CHR.: res publica amissa, Wiesbaden 1966.
MORLANG, W.: Römische Wertbegriffe im Lateinunterricht: Das Problem des „Sittenverfalls" in Sallusts Coniuratio Catilinae. In: AU 13, 2 (1970), 76-92.
MUNDING, H.: Römisches Erbe – einmal anders gesehen. Zu Sallust Cat. 6-13. In: AU 14, 5 (1971), 72-80.
NEUMEISTER, CHR.: Die Geschichtsauffassung Sallusts im ‚Catilina' und ihre Behandlung in der Sekundarstufe II, Frankfurt a.M. 1983.
DERS.: Überredung als sprachliche Grundfunktion – Rhetorik: Dargestellt an Catilinas erster Rede in Sallusts Coniuratio Catilinae. In: Handbuch für den Lateinunterricht, Sekundarstufe I (hg. von Höhn, W./Zink, N.), Frankfurt a.M. 1987, 366-381.
PERL, G.: Sallust und die Krise der römischen Republik. In: Philologus 113 (1969), 201ff.
PETERSEN, P.: Unterrichtseinheit zu Sallusts Catilina, Kiel o. J.
PÖSCHL, V.: Grundwerte römischer Staatsgesinnung, Berlin 1940.
DERS.: Die Reden Caesars und Catos in Sallusts ‚Catilina'. In: Sallust (hg. von Pöschl, V.), Darmstadt 1970, 368-397.
SCHMAL, ST.: Sallust, Hildesheim/Zürich/New York 2001.
SCHMALZRIEDT, E.: Hauptwerke der antiken Literatur, München 1976, 310ff.
SCHWANITZ, D.: Bildung. Alles, was man wissen muss, Frankfurt a.M. 1999.
SIEMERS, N.: Das eigene Leben im Spiegel der Geschichte. Die Selbstdarstellung Sallusts als Ausgangspunkt der Sallust-Lektüre. In: AU 47, 3 (2004), 11-16.
STÖVER, H. D.: Verschwörung gegen Rom, München 1981.
SUERBAUM, W.: Sallust über die Schwierigkeiten, Geschichte zu schreiben (Cat. 3,2). In: Ders.: In Klios und Kalliopes Diensten. Kleine Schriften, Bamberg 1993, 46-68.
SYME, R.: Die römische Revolution, dt. Ausgabe, Stuttgart 2003.
THOME, G.: Zentrale Wertvorstellungen der Römer, Bd. 1 u. 2. AUXILIA 45 u. 46, Bamberg 2000.
UNGERN-STERNBERG, J. V.: Catilina. In: Der Neue Pauly, Bd. 2, Stuttgart 1997, 1029f.
VOGT, J.: Cicero und Sallust, Frankfurt a.M. 1938.
VRETSKA, K.: Sallust, De Coniuratione Catilinae, Heidelberg 1976.
ZIERER, O.: Cicero, Republikaner ohne Republik. Eine Biografie, Frankfurt a.M. 1979.

Abbildungsnachweis:
Antiquario Forense, Rom: 25; Archiv für Kunst und Geschichte, Berlin: Titel, 23, 29, 34, 40, 46, 49, 60, 66, 70, 83, 91; Artothek, Weilheim: 23, 87; Cabinet des Médailles, Paris: 7; Europäisches Museum der römischen Kultur, Rom: 52; Prof. Dr. Friedrich Maier, Puchheim: 62; Gallica, Paris: 42; Geschichte mit Pfiff, Heft 2 (1984), 14: 91; G. Morello (Hg.), Kostbarkeiten der Buchkunst. Illuminationen klassischer Werke von Archimedes bis Vergil, Stuttgart/Zürich 1997, 23: 38; Huntington Library, San Marino/Kalifornien: 15; M. Lemmer (Hg.), Vergil, Aeneis. Übersetzt von J. Götte. Mit 136 Holzschnitten der 1502 in Straßburg erschienenen Ausgabe, München 1979, 231: 75, 77; Musée des Augustins, Toulouse: 84; Musei Capitolini, Rom: 23, 27, 53; Dr. Peter Grau, Pullach: 17, 19, 21, 74; Rijksmuseum, Amsterdam: 78; Scala, Antella: 27, 32, 73; Staatliche Antikensammlung, München: 37; Staatliche Münzsammlung, München: 23, 29, 60; Dr. Ulrike Sedlbauer, Wien: Titel, 8, 13; Verlagsarchiv.
Wir danken der Eichstätter Datenbank zur Antike-Rezeption/Kunst für ihre Beratung.